馬德 呂義 主編

敦煌草書寫本識粹

法句經疏

張遠 編著

社會科學文獻出版社
SOCIAL SCIENCES ACADEMIC PRESS (CHINA)

《敦煌草書寫本識粹》編委會

顧問：鄭汝中

編輯委員會（以姓氏筆畫爲序）：

王柳霏　吕　義　吕洞達　段　鵬　姚志薇　馬　德　馬高强　陳志遠

盛岩海　張　遠

總序

一九〇〇年，地處中國西北戈壁深山的敦煌莫高窟，封閉千年的藏經洞開啓，出土了數以萬計的敦煌寫本文獻。其中僅漢文文書就有近六萬件，而草書寫本則有四百多件二百餘種。同其他敦煌遺書一樣，由於歷史原因，這些草書寫本分散收藏於中國國家圖書館、英國國家圖書館、法國國家圖書館、故宫博物院、上海博物館、南京博物院、天津博物館、敦煌市博物館、日本書道博物館等院館。因此，同其他書體的敦煌寫本一樣，敦煌草書寫本也是一百二十年來世界範圍内的研究對象。

（一）

文字是對所有自然現象、社會發展的記載，是對人們之間語言交流的記録，人們在不同的環境和場合就使用不同的書體。敦煌寫本分寫經與文書兩大類，寫經基本爲楷書，文書多爲行書，而草書寫本多爲佛教經論的詮釋類文獻。

敦煌草書寫本大多屬於聽講記録和隨筆，係古代高僧對佛教經典的詮釋和注解，也有一部分抄寫本和佛典摘要類的學習筆記；寫卷所採用的書體基本爲今草，也有一些保存有濃厚的章草遺韻。

敦煌草書寫本雖然數量有限，但具有不凡的價值和意義。

首先是文獻學意義。敦煌草書寫本是佛教典籍中的寶貴資料，書寫於一千多年前的唐代，大多爲聽講筆記的孤本，僅存一份，無複本，也無傳世文獻相印證，均爲稀世珍品、連城罕物，具有極高的收藏價值、文物價值、研究價值。而一部分雖然有傳世本可鑒，但作爲最早的手抄本，保存了文獻的原始形態，對傳世本錯訛的校正作用顯而易見；更有一部分經過校勘和標注的草書寫本，成爲後世其他抄寫本的底本和範本。所以，敦煌草書寫本作爲最原始的第一手資料可發揮重要的校勘作用；同時作爲古代寫本，保存了諸多引人注目的古代異文，提供了豐富的文獻學和文化史等學科領域的重要信息。

其次是佛教史意義。作爲社會最基層的佛教宣傳活動的内容記録，以通俗的形式向全社會進行佛教的普及宣傳，深入社會，反映了中國大乘佛教的「入世」特色，是研究佛教的具體信仰形態的第一手資料。通過對敦煌草書寫本文獻的整理研究，可以窺視當時社會第一綫的佛教信仰形態，進而對古代敦煌以及中國佛教進行全方位的瞭解。

再次是社會史意義。多數草書寫本是對社會最基層的佛教宣傳活動的内容記録，所講内容緊貼社會生活，運用民間方言，結合風土民情，特别是大量利用中國歷史上的神話傳説和歷史故事來詮釋佛教義理，展現出宣講者淵博的學識和對中國傳統文化的認知。同時向世人展示佛教在社會發展進步中的歷史意義，進一步發揮佛教在維護社會穩定、促進社會發展方面的積極作用，也爲佛教在當今社會的傳播和發展提供歷史借鑒。另外有少數非佛典寫本，其社會意義則更加明顯。

最後是語言學的意義。隨聽隨記的草書寫本來源於活生生的佛教生活，內容大多爲對佛經的注解和釋義，將佛教經典中深奧的哲學理念以大衆化的語言進行演繹。作爲聽講記録文稿，書面語言與口頭語言混用，官方術語與民間方言共存；既有佛教術語，又有流行口語……是没有經過任何加工和處理的原始語言，保存了許多生動、自然的口語形態，展示了一般書面文獻所不具備的語言特色。

當然還有很重要的兩點，就是草書作品在文字學和書法史上的意義。其一，敦煌草書寫本使用了大量的異體字和俗體字，這些文字對考訂相關漢字的形體演變，建立文字譜系，具有重要的價值，爲文字學研究提供了豐富的原始資料。其二，草書作爲漢字的書寫體之一，簡化了漢字的寫法，是書寫進化的體現。敦煌寫本使用草書文字，結構合理，運筆流暢，書寫規範，書體標準，傳承有序；其中許多草書寫卷，堪稱中華書法寶庫中的頂級精品，許多字形不見於現今中外草書字典。這些書寫於千年之前的草書字，爲我們提供了大量的古代草書樣本，所展示的標準的草書文獻，對漢字草書的書寫和傳承有正軌和規範的作用，給各類專業人員提供完整準確的研習資料，爲深入研究和正確認識草書字體與書寫方法，解決當今書法界的很多争議，正本清源，提供了具體材料，從而有助於傳承中華民族優秀傳統文化。同時，一些合體字，如「卄」（菩薩）、「卄」（菩提），「卅」、「卌」或「𡗗」（涅槃）等，個別的符代字如「煩々」（煩惱）等，可以看作速記符號的前身。

總之，敦煌草書寫本無論是在佛教文獻的整理研究領域，還是對書法藝術的學習研究，對中華民族優秀傳統文化的傳承和創新都具有深遠的歷史意義和重大的現實意義，因此亟須挖掘、整理和研究。

（二）

遺憾的是，敦煌遺書出土歷兩個甲子以來，在國内，無論是學界還是教界，大多數研究者專注於書寫較爲工整的楷書文獻，對於字迹較難辨認但内容更具文獻價值和社會意義的草書寫本則重視不够。以往的有關成果基本上散見於敦煌文獻圖録和各類書法集，多限於影印圖片，釋文極爲少見，研究則更少。這使草書寫本不但無法展現其内容和文獻的價值意義，對大多數的佛教文獻研究者來講仍然屬於「天書」；而且因爲没有釋文，不僅無法就敦煌草書佛典進行系統整理和研究，即使是在文字識别和書寫方面也造成許多誤導——作爲書法史文獻也未能得到正確的認識和運用。相反，曾有日本學者對部分敦煌草書佛典做過釋文，雖然每見訛誤，但收入近代大藏經而廣爲流傳。此景頗令國人汗顔。

敦煌文獻是我們的老祖宗留下來的文化瑰寶，中國學者理應在這方面做出自己的貢獻。三十多年前，不少中國學人因爲受「敦煌在中國，敦煌學在外國」的刺激走上敦煌研究之路。今天，中國的敦煌學已經走在世界前列，但是我們不得不承認，還有一些領域，學術界關注得仍然不够，比如説對敦煌草書文獻的整理研究。這對於中國學界和佛教界來説無疑具有强烈的刺激與激勵作用。因此，敦煌草書寫本的整理研究不僅可以填補國内的空白，而且在一定程度上仍然具有「誓雪國耻」的學術和社會背景。

爲此，在敦煌藏經洞文獻面世一百二十年之際，我們組織「敦煌草書寫本整理研究」項目組，計劃用八年左右的時間，對敦煌莫高窟藏經洞出土的四百多件二百餘種草書寫本進行全面系統的整理研究，内容包括對目前已知草書寫本的釋録、校注和内容、背景、草書文字等各方面的研究，以及相應的人才培養。這是一項龐大而繁雜的系統工程。「敦煌草書寫本識粹」即是這一項目的主要階段性成果。

（三）

「敦煌草書寫本識粹」從敦煌莫高窟藏經洞出土的四百多件二百餘種草書寫本中選取具有重要歷史文獻價值的八十種，分四輯編輯爲系列叢書八十册，每册按照統一的體例編寫，即分爲原卷原色圖版、釋讀與校勘和研究綜述三大部分。

寫本文獻編號與經名或文書名。編號爲目前國際通用的收藏單位流水號（因竪式排版，收藏單位略稱及序號均用漢字標識），如北敦爲中國國家圖書館藏品，斯爲英國國家圖書館藏品，伯爲法國國家圖書館藏品，故博爲故宫博物院藏品，上博爲上海博物館藏品，津博爲天津博物館（原天津市藝術博物館併入）藏品，南博爲南京博物院藏品等；卷名原有者襲之，缺者依内容擬定。對部分寫本中卷首與卷尾題名不同者，或根據主要内容擬定主題卷名，或據全部内容擬定綜述性卷名。

釋文和校注。竪式排版，採用敦煌草書寫本原件圖版與釋文、校注左右兩面對照的形式：展开後右面爲圖版頁，左面按原文分行竪排釋文，加以標點、斷句，並在相應位置排列校注文字。釋文按總行數順序標注。在校注中，爲保持文獻的完整性和便於專業研究，對部分在傳世大藏經中有相應文本者，或寫本爲原經文縮略或摘要本者，根據需要附上經文原文或提供信息鏈接；同時在寫本與傳世本的異文對照、對比方面，進行必要的注釋和説明，求正糾誤，去僞存真。因草書寫本多爲聽講隨記，故其中口語、方言使用較多，校注中儘量加以説明，包括對使用背景與社會風俗的解釋。另外，有一些草書寫本有兩個以上的寫卷（包括一定數量的殘片），還有的除草書外另有行書或楷書寫卷，在校釋中以選定的草書寫卷爲底本，以其他各卷互校互證。

研究綜述。對每卷做概括性的現狀描述，包括收藏單位、編號、保存現狀（首尾全、首全尾缺、尾缺、尾殘等）、寫本内容、時代、作者、抄寫者、流傳情況、現存情況等。在此基礎上，分内容分析、相關的歷史背景、獨特的文獻價值意義、書寫規律及其演變、書寫特色及其意義等問題，以歷史文獻和古籍整理爲主，綜合運用文字學、佛教學、歷史學、書法學等各種研究方法，對精選的敦煌草書寫本進行全面、深入、系統的研究，爲古籍文獻和佛教研究者提供翔實可靠的資料。另外，通過對草書文字的準確識讀，進一步對其中包含的佛教信仰、民俗風情、方言術語及其所反映的社會歷史背景等進行深入的闡述。

與草書寫本的整理研究同時，全面搜集和梳理所有敦煌寫本中的草書文字，編輯出版敦煌草書寫本字典，提供標準草書文字字形及書體，分析各自在敦煌草書寫本中的文字和文獻意義，藉此深入認識漢字的精髓，在中國傳統草書書法方面做到正本清源，又爲草書文字的學習和書寫提供準確、規範的樣本，傳承中華優秀傳統文化。在此基礎上，待條件成熟時，編輯「敦煌寫卷行草字典合輯」，也將作爲本項目的階段性成果列入出版計劃。

「敦煌草書寫本識粹」第一輯有幸得到二〇一八年國家出版基金的資助；蘭州大學敦煌學研究所將「敦煌草書文獻整理研究」列爲所内研究項目，並争取到學校和歷史文化學院相關研究項目經費的支持；部分工作列入馬德主持的國家社會科學基金重大項目「敦煌遺書數據庫建設」，並得到了適當資助，保證整理、研究和編纂工作的順利進行。

希望「敦煌草書寫本識粹」的出版，能够填補國内敦煌草書文獻研究的空白，開拓敦煌文獻與敦煌佛教研究的新領域，豐富對佛教古籍、中國佛教史、中國古代社會的研究。

由於編者水平有限，錯誤之處在所難免。我們殷切期望各位專家和廣大讀者的批評指正。同時，我們也將積極準備下一步整理研究敦煌草書文獻的工作，培養和壯大研究團隊，取得更多更好的成果。

是爲序。

馬德　吕義

二〇二一年六月

釋校凡例

一、本册依法國國家圖書館藏敦煌草書寫卷伯二三二五號進行《法句經疏》全本的釋校和綜要。

二、釋校部分按原圖分行釋文，並在相應位置排列校注文字。釋文按總行數依次標注序號。

三、釋校部分之録文儘可能使用寫卷中的原字。其餘部分統一使用《漢語大字典》釐定的通用規範繁體字。

（一）寫卷中的通假字按原文録出。

（二）寫卷中的合體字、重文符，均加以釋録。倒乙符、删除符等，在注釋中標明。

（三）未見於古代字書的俗體字及多筆畫或少筆畫的俗體字代之以通用規範繁體字。

（四）草書字（包括與現代簡體字同形之草書字）統一使用與之對應的通用規範繁體字。

（五）形同現代簡體字之「无」、「断」、「万」、「号」、「属」、「随」、「辞」、「与」、「决」、「并」、「况」、「乱」、「瞩」、「盖」、「盗」、「弥」、「嘱」等，古已有之，亦即古書正字，故予以保留。

以上五類情形，如無特殊情況，不再加注。

四、疏文中出現的引文或對話，在録文中統一加引號；經書或作品名稱，在録文中統一加書名號。

五、敦煌寫卷原圖中經文寫録者留下的旁注、改字等，均在注釋中標明。

六、釋校部分對寫卷原文内容逐字校勘，凡遇錯、漏、衍等，均予以更正、出校，同時對《大正藏》内《法句經疏》（大二九〇二）録文中出現的訛誤逐一更正、加注。

目録

法句經疏釋校

法句經疏
大至理无言稱讚斯斷玄宗幽旨心行處滅稱
讚斯斷所有言傷其旨心行莫緣故則任意失其真
所以掩室摩竭用啓息言之際杜口毗耶以通得意之
路斯皆理為神御故聖以之嘿豈曰无辯之所不能言也
但以群生溺喪忘返漂淪四流依止空聚以長衆苦是故
如來應生王宮示現雙樹捐明生滅皆因拯為衆樂本使順
流者還源迷徒者改轍息妄歸真究竟常寂無為靈宗
无邊曜靈雲以幽燭借說言以澤道託形像以專
兵者不祥之器不獲已而用之言者不真之物不得已而陳之

法句經疏[一]

夫至理无言，稱謂斯断，玄宗幽寂，心行莫緣。稱謂斯断故，則有言傷其㫖[二]。心行莫緣故，則作意失其真。所以掩室摩竭，用啓息言之[三]際，杜口毗耶，以通浔意之路。斯皆理為神御故。聖以之嘿[四]，豈曰无辯？辯所不能言也！[五]但以群生弱喪，亡返漂溺四流，依止空聚，長縈八苦。是故如來應生王宮，示滅雙樹，將明生為苦囙[六]，滅為樂本。使慎[七]流者還原，迷徒者改轍，息妄歸真，究竟常寂。廓靈宇於[八]无壃，曜薩雲以幽燭，借微言以津道，託形像以傳真。故曰：[九]「兵者，不祥之噐[一〇]，不獲已而用之。言者，不真之物，不獲已而[一一]陳之。」

校注

【一】標題行，後空。自此至第二四行爲後補之隸書。現亦録出，以體現原寫卷之完整性。【二】「㫖」，古同「旨」。【三】「之」，《大正藏》誤作「無」。【四】「嘿」，此處同「默」。【五】此處之後，第六行至第二二行第一九字，《大正藏》無。【六】「囙」，古同「因」。【七】「慎」，古同「順」。【八】「於」，原字殘損，依上下文補。【九】「故曰」，原文缺損，依上下文補。【一〇】「噐」，古同「器」。【一一】「而」，原文無，依上下文及《高僧傳》補。

故始自鹿苑以四諦為言初終至雙林以常為圓揔其貫散
說流遍八億偈馱貿而弗窮部嘗溢而未盡將令乘歸以得
兔籍指以知月知月則度指得兔則忘蹄故經言依義不依語
其在茲乎雖淺八万奥徒之十二事則經論行日明辯其二種其二一
是何一者大乘滿字教門二謂半字教門大乘滿字教門者
辯其性法二空无作因果義足之言周理盡備舉說
應大機進求大行運物普攝故名大乘言周義足稱為
滿字小乘半字教門者偏明生空有作四諦說因果未
窮理事未備說應小機進外小行運物不攝故皆曰小乘言
屬義隱名為半字今此經者文雖簡略義苞[illegible]半滿經

故始自庇[一]苑，以四諦為言礽[二]。終至鵠林，以三點為圓極。其間散説，流過八億。偽[三]馱負而弗窮，龍宮溢而未盡。將令乘蹄以得兔，藉指[四]以知月。知月則廢指，得兔則妄蹄。故《經》言：「依義不依語。」

其在茲乎！雖復八万異徒十二事，則經論所明辯其二種。其二是何？一者，大乘滿字教門。二謂半字教門。大乘滿字教門者，辯其性法二空，无作因果，義足言周，理事倫舉，説應大機，進成大行，運物中極，故名「大乘」。言周義足，稱為滿字。小乘半字教門者，偏明生空，有作四諦，談因果未窮，理事未倫，説應小機，進成[五]小行，運物未極，故曰「小乘」。言局義隱，名為半字。今此《經》者，文雖蕑略，義苞群典，衆經

校注

【一】「庇」，古同「鹿」。【二】「礽」，古同「初」。【三】「偽」，古同「褱」。此處疑同「像」，通「象」。《高僧傳》作「象馱負而弗窮」。【四】「指」，古同「指」。【五】「成」，原文筆畫不全。依字形及上下文補全爲「成」。

三

之揔[二]要，至極之深法，即是大乘滿字教門。略知教所在，次

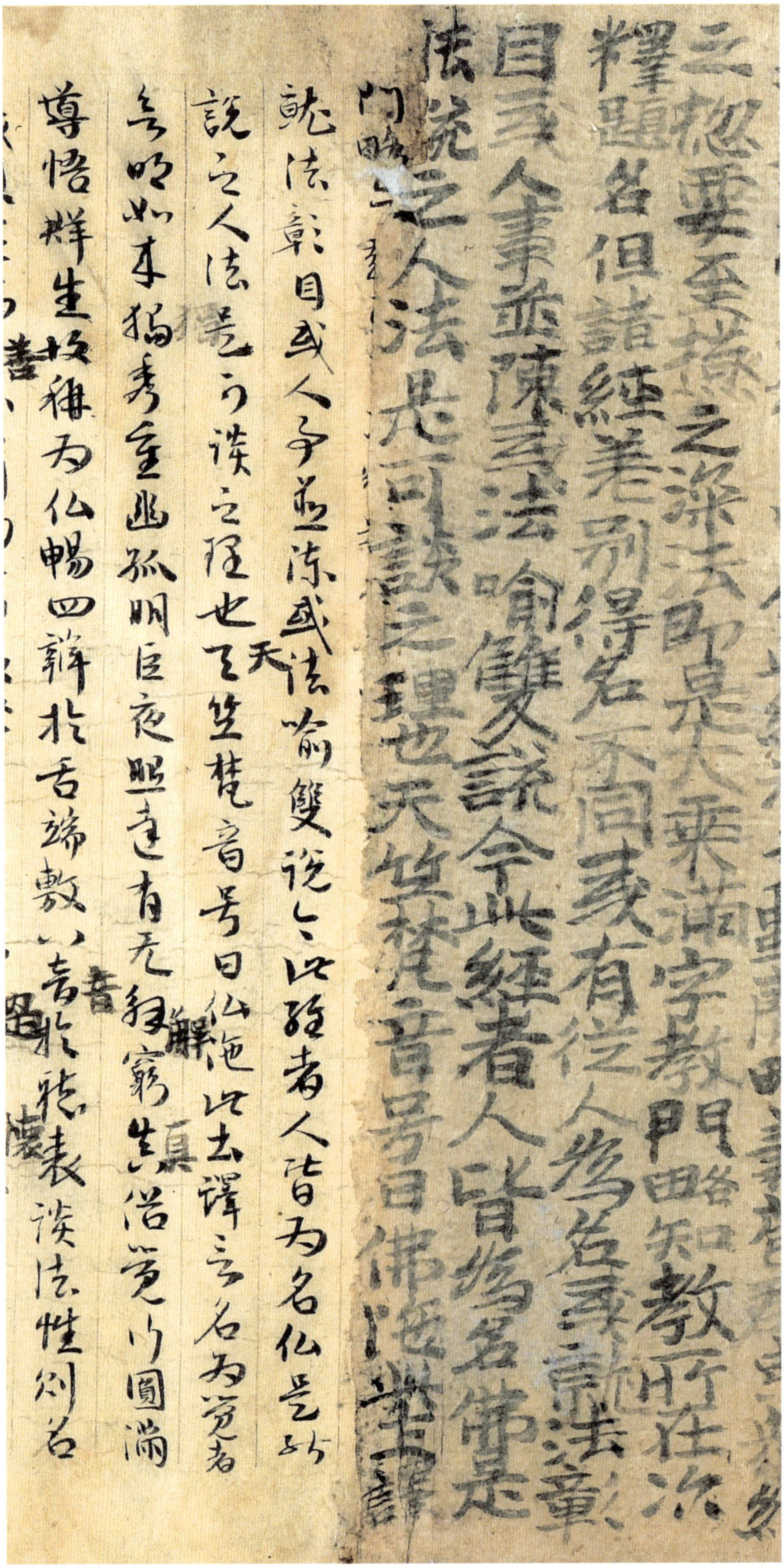

二二 釋題名。但諸經菴[二]別，得名不同。或有從人為名，或就法彰

二三 目，或人事並陳，或法喻雙説。今此《經》者，人皆為名。佛是

二四 能説[三]之人，法是可談之理也。天竺梵音，号曰「佛陁」。此土譯[四]

二五 「就法彰目，或人事並陳，或法喻雙説。今此《經》者，人皆爲名。仏[五]是能

二六 説之人，法是可談之理也。天[六]竺梵音，号曰「仏陁」。此土[七]譯」[八]言，名

爲覺者。

二七 欲[九]明如來，獨[一〇]秀重幽，孤明巨[一一]夜，照達有无，解[一二]窮真[一三]俗，覺行圓

滿，

二八 導悟群生，故稱爲「仏」。暢四辯於舌端，敷八音[一四]於聽表。談法性則名

校注

【一】「揔」，此處同「總」。【二】「菴」，此處同「差」。【三】「能説」，原文二字左部缺損。依殘存部分及第二五行末字和第二六行首字，補全爲「能説」。【四】寫卷第一至二四行爲後補，與全卷主體部分紙張顏色、字迹等差別極大。此處第二四、二五行間有明顯的拼接痕迹。【五】「仏」，古同「佛」。【六】「天」，又淺墨楷書於文右。【七】「土」，《大正藏》誤作「出」。【八】第二二行第二〇字至第二四行，與第二五行至第二六行第二一字重複。書寫筆法略有不同。【九】「欲」，《大正藏》誤作「無」。【一〇】「獨」，又淺墨楷書於文右。【一一】「巨」，《大正藏》誤作「臣」。【一二】「解」，又淺墨楷書於文右。【一三】「真」，又淺墨楷書於文右。【一四】「音」，又淺墨楷書於文右。

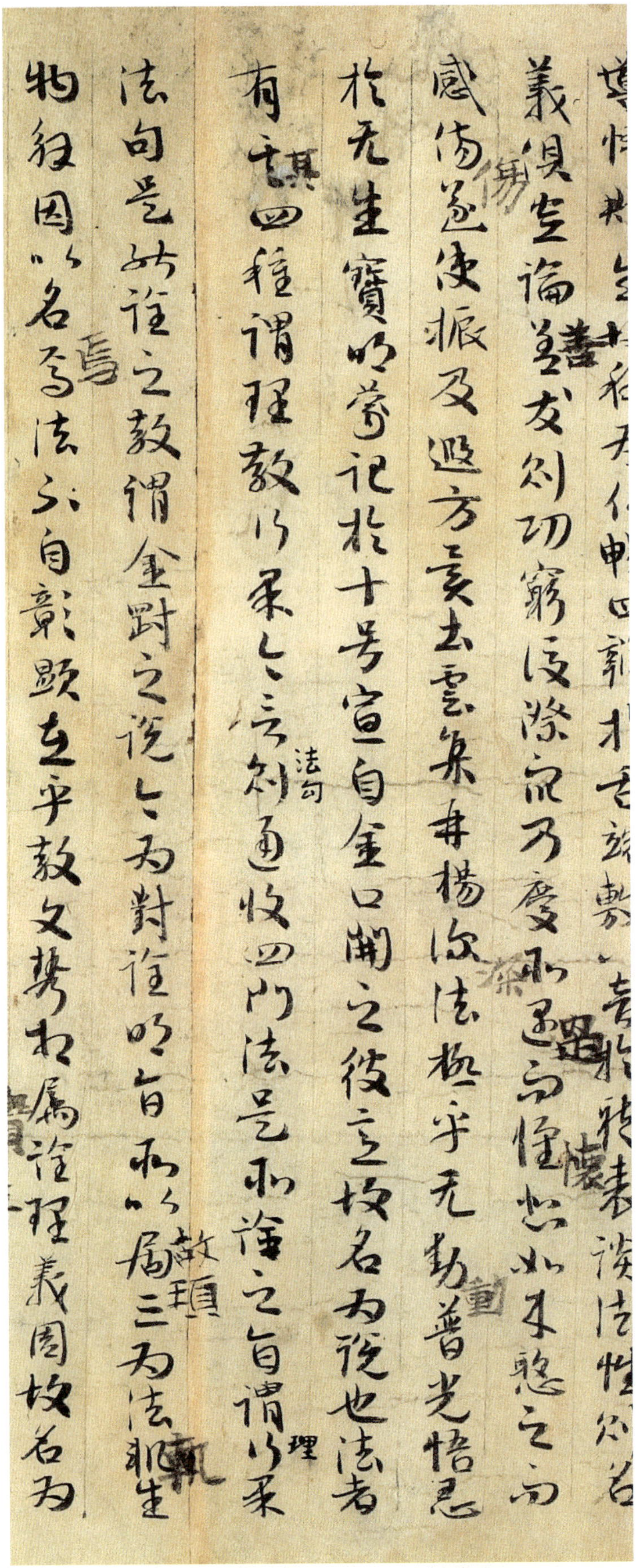

義俱空[一]，論善[二]友則切窮後際。衆乃慶所遇[三]而懷[四]悲[五]，如來愍[六]之而感傷[七]。遂使振及遐方，異土[八]雲集，再揚深[九]法，極乎[一〇]无動[一一]。普光悟忍於无生，寶明蒙記於十号。宣自金口，開[一二]之彼意，故名爲「説」也。「法」者，

有其[一三]四種[一四]，謂理、教、行、果。今言法句[一五]，則通收四門。法是所詮之旨，謂理行[一六]果。

法句是能詮之教，謂金對[一七]之説。今爲對詮明旨，所以[一八]局三爲「法」，軌[一九]生物解，因以名焉[二〇]。法不自彰[二一]，顯在乎[二二]教，文勢相屬，詮理義周，故名爲

校注

【一】「空」，英藏斯六二二〇號《法句經疏》（殘卷）（以下簡稱斯六二二〇）作「泯」。【二】「善」，又淺墨楷書於文右。【三】「遇」，又淺墨楷書於文右。旁書似有朱筆點塗。《大正藏》誤作「過」。【四】「懷」，古同「懷」。又淺墨楷書於文右。【五】「悲」，《大正藏》誤作「之」。【六】「慜」，此處同「愍」。《大正藏》誤作「愁」。【七】「傷」，又淺墨楷書於文右。【八】「土」，《大正藏》誤作「出」。【九】「深」，又淺墨楷書於文右。【一〇】「乎」，《大正藏》誤作「樂」。【一一】「動」，又淺墨楷書於文右。【一二】「開」，斯六二二〇同，《大正藏》誤作「聞」。【一三】「其」，又淺墨楷書於文右。【一四】「『法』者，有其四種」，斯六二二〇作「法有四種」。【一五】「法句」，原文二字楷書補於文右。「句」，形同「勾」。【一六】「理行」，原文「理」字楷書補於文右。斯六二二〇作「理行」。《大正藏》誤作「行理」。【一七】「對」，古同「剛」。【一八】此處有「故項」二字，淺墨楷書補於文右，未見於正文。疑爲衍文。依文義去除。《大正藏》作「故須」。斯六二二〇此句作「所以局三為法」，並無「故項（須）」。【一九】「軌」，古同「軌」。又淺墨楷書於文右。【二〇】「焉」，又淺墨楷書於文右。【二一】「法不自彰」，斯六二二〇作「法不自弘（弘）」。「不」，《大正藏》誤作「分」。【二二】「乎」，《大正藏》誤作「平」。

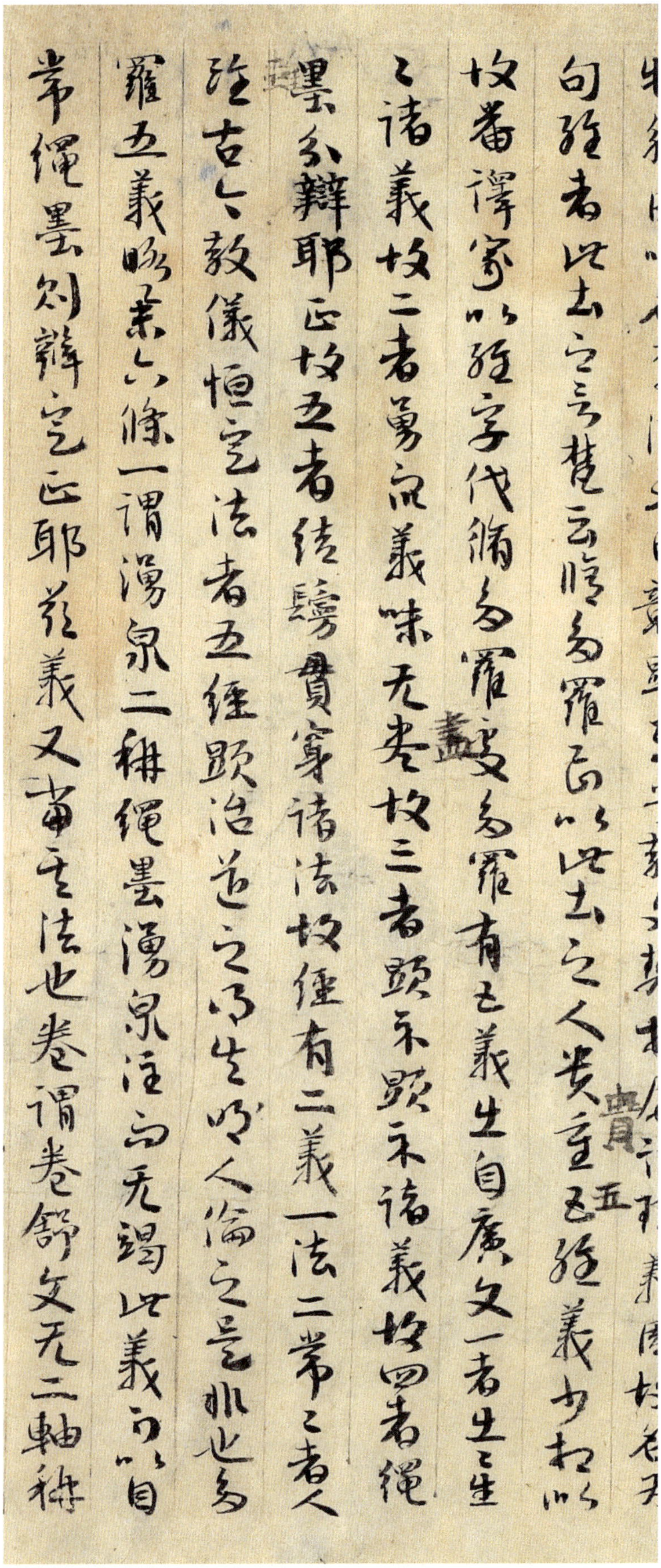

三五 「句」。「經」者，此土之言，梵云脩多羅。良以此土之人，貴[一]重五[二]經，

義少相似[三]，

三六 故番[四]譯家以經字代脩多羅處[五]。多羅有[六]五義，出自《廣》文。一者出生，

三七 出生諸義故。二者勇[七]泉[八]，義味无盡[九]故。三者顯示，顯示諸義故。四者繩
三八 墨，分辯耶正故。五者結鬘，貫穿[一〇]諸法故。經有二義，一法，二常。常者，
人
三九 雖[一一]古今，教儀恒定。[一二]法者，五經，顯治道之得失，明人倫之是非[一三]也。多
四〇 羅五義，略舉二[一四]條。一謂湧[一五]泉，二稱繩墨。湧[一六]泉注而无竭，此義可以自
四一 常。繩墨則辯定正耶，茲義又當其法[一七]也。卷謂卷舒，文无二軸，稱

校注

【一】「貴」，又淺墨楷書於文右。【二】「五」，又淺墨楷書於文右。【三】「似」，斯六二二〇同，《大正藏》誤作「以」。【四】「番」，斯六二二〇作「翻」。【五】「處」，斯六二二〇同，《大正藏》誤作「修」。【六】「有」，斯六二二〇無。【七】「勇」，斯六二二〇作「涌」。【八】「泉」，原作「衆」，誤。斯六二二〇及《法華論疏》作「泉」，是。《大正藏》誤作「眾」。【九】「盡」，又淺墨楷書於文右。【一〇】「穿」，古同「穿」。秦漢以來，作爲字中結構之「牙」與「身」常通用。斯六二二〇作「穿」。《大正藏》誤作「窮」。【一一】「雖」，又淺墨楷書於文右。【一二】斯六二二〇此處多「始終莫易，故謂之常」八字。【一三】斯六二二〇此處多「可為軌用，釋為法」七字。【一四】「二」，原作「六」，誤。依上下文及斯六二二〇，更正爲「二」。《大正藏》誤作「六」。【一五】「湧」，斯六二二〇作「涌」。【一六】「湧」，斯六二二〇作「涌」。【一七】斯六二二〇此處多「此則兩言一會，內外冥扶」十字。

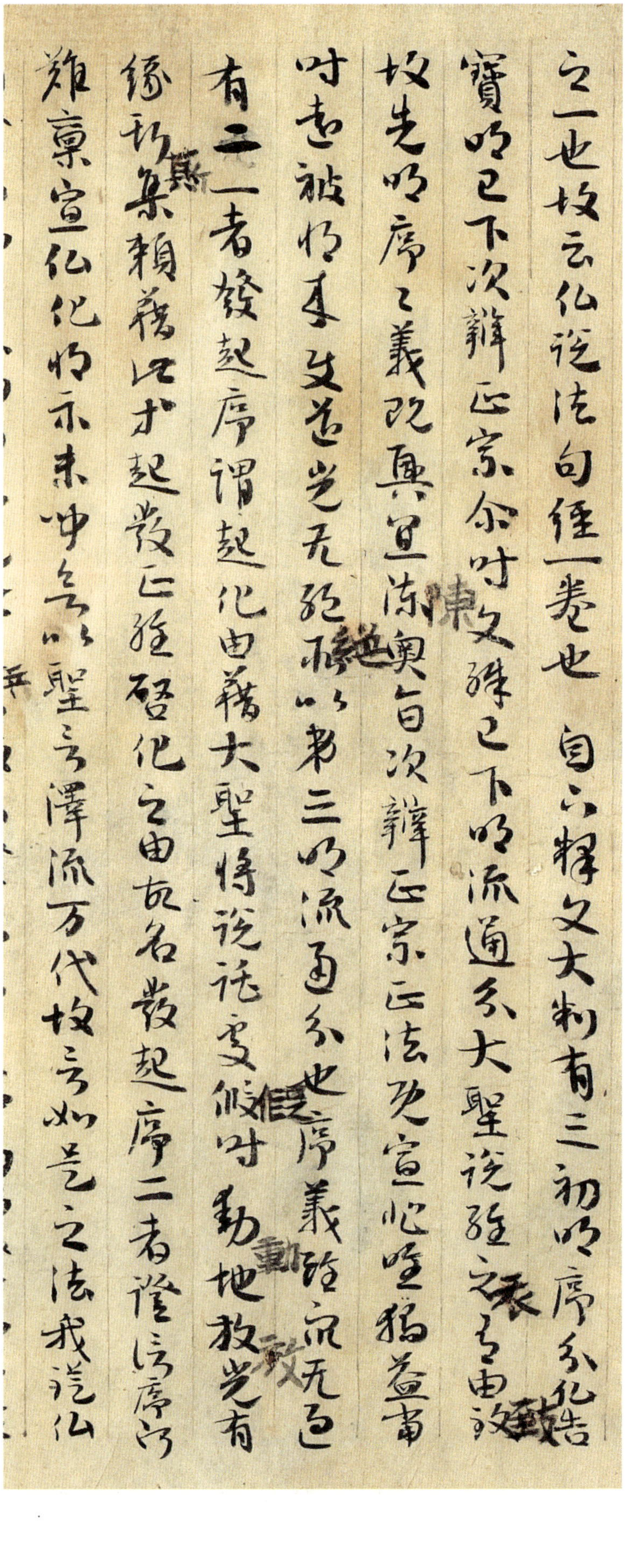

四二 之一也[一]。故云[二]《仏説法句經》一卷也。[三]自下釋文，大判有三。初明序

分。「仏告

四三 寶明」已下，次辯[四]正宗。「佘[五]時文殊[六]」已下，明流通分。大聖説經衣[七]

有由致[八]，
四四 故先明序。序義既興，宜陳[九]奧旨，次辯正宗。正法既宣，非唯獨益當
四五 時，遠被將來，使道光无絶[一〇]，所以弟[一一]三明流通分也。序義雖衆，无過
四六 有二。一者，發起序。謂，起化由藉，大聖將[一二]説，託處假[一三]時，動[一四]地放[一五]
光，有
四七 緣斯[一六]集，賴[一七]藉此等，起發正經，啓化之由，故名發起序。二者，證信序。
阿
四八 難稟[一八]宣仏化，將示[一九]未聞，欲以聖言，澤流万代，故言如是之法，我從仏

校注

【一】「一也」，斯六二二〇作「為一」。【二】「云」，斯六二二〇作「言」。【三】原文此處似空一格。【四】「辯」，斯六二二〇作「釋」。【五】「尒」，古同「尔」。【六】「文殊」，斯六二二〇作「弥勒」。【七】「衣」，又濃墨楷書於文右。此處通「亦」。斯六二二〇似作「衣」或「必」。《大正藏》誤作「之依」。【八】「致」，又淺墨楷書於文右。【九】「陳」，又淺墨楷書於文右。【一〇】「絶」，又淺墨楷書於文右。【一一】「弟」，此處同「第」。【一二】「將」，《大正藏》誤作「得」。【一三】「假」，又淺墨楷書於文右。【一四】「動」，又淺墨楷書於文右。【一五】「放」，原文有塗改痕迹，又淺墨楷書於文右。【一六】「斯」，又淺墨楷書於文右。【一七】「賴」，《大正藏》誤作「類」。【一八】「稟」，形近清趙之謙《楷書南唐四百九十六字册》之「稟」，古同「稟」。【一九】「示」，《大正藏》誤作「來」。

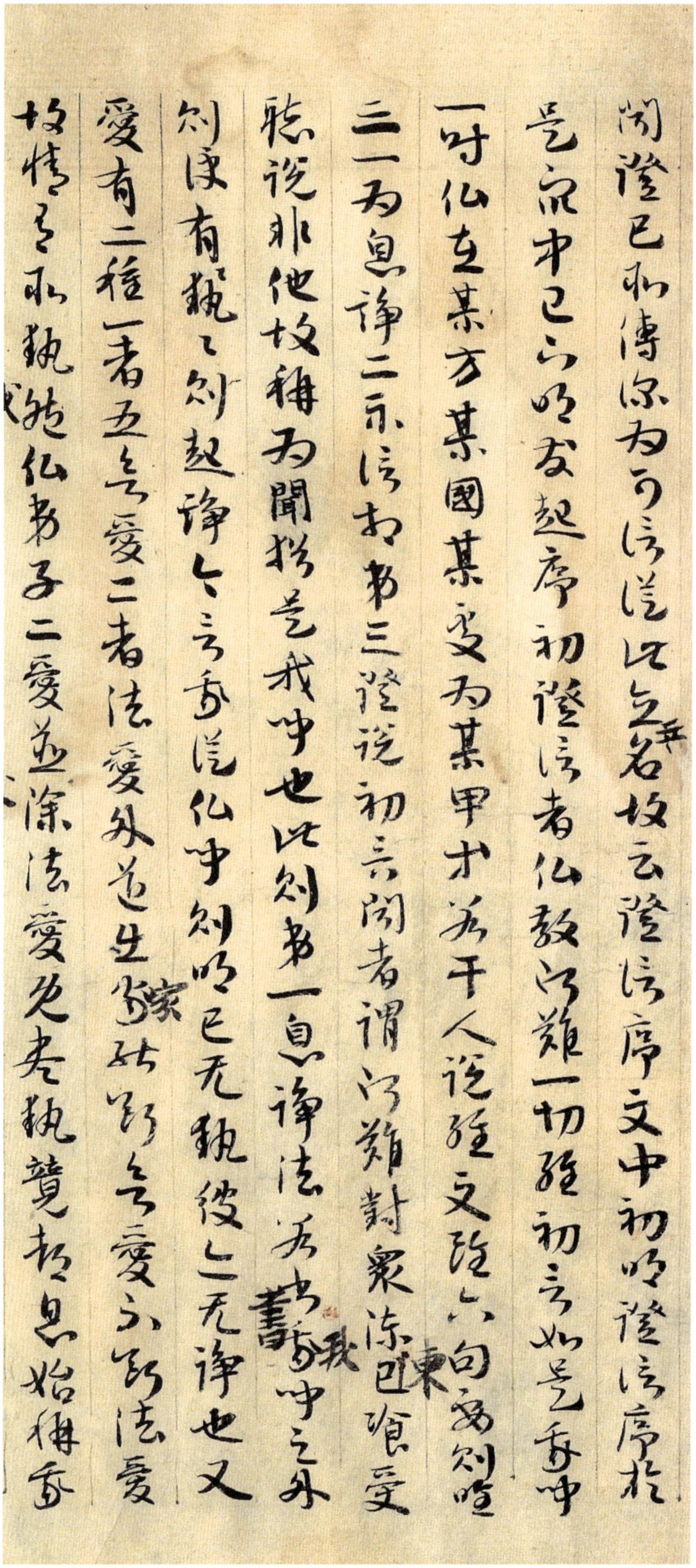

四九 聞，證已[一]所傳，深爲可信，從此立[二]名，故云「證信序」。文中，初，明證信序。「於

五〇 是衆中」已下，明發起序。初，證信者，仏教阿難，一切經初言[三]：「如是我

聞，
五一 一時，仏在某方某國某處，爲某甲等若干人説。」經文雖六句，要[四]則唯
五二 三。一爲息諍，二示信相，弟三證説。初言[五]「聞」者，謂阿難對衆陳[六]已
飡[七]受，
五三 聽説非他，故稱爲「聞」，猶是「我聞」也。此則弟一息諍法。若書[八]我[九]聞
之外，
五四 則便有執，有執則起諍。今言我從仏聞，則明己[一〇]无執，彼亦无諍也。又，
五五 愛有二種。一者，五欲[一一]愛。二者，法愛。外道出家[一二]，能斷欲[一三]愛，不斷法
愛。
五六 故情有所執。然仏弟子，二愛並除。法愛既盡，執竟[一四]都息。始稱我

校注

【一】「己」，《大正藏》誤作「已」。【二】「立」，又淺墨楷書於文右。【三】「言」，《大正藏》誤作「云」。【四】「要」，《大正藏》無。【五】「言」，《大正藏》誤作「我」。【六】「陳」，又淺墨楷書於文右。【七】「飡」，古同「餐」。【八】「書」，又淺墨楷書於文左。《大正藏》誤作「出」。【九】「我」，又淺墨楷書於文右。【一〇】「己」，《大正藏》誤作「已」。【一一】「五欲」，《大正藏》誤作「我」。【一二】「家」，又淺墨楷書於文右。【一三】「欲」，《大正藏》誤作「我」。【一四】「竟」，古同「競」。

五七 聞，存於此也。我[一]有三種。一者，見我[二]。二者，慢我。三者，名字我。阿

難既

五八 是[三]无學聖人，見息或盡，雖无二我，隨世流[四]布[五]，故有名字我也。「如

是」

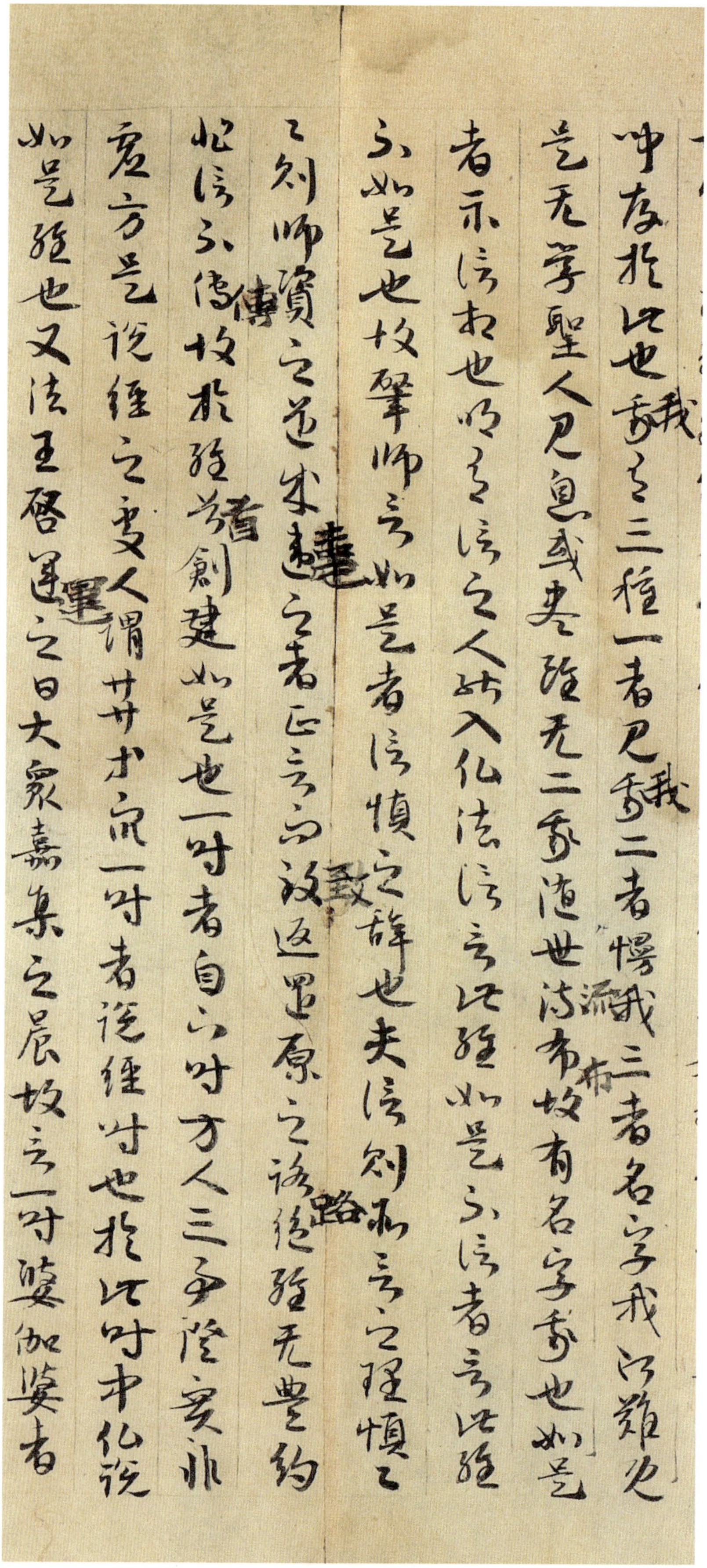

五九 者，示信相也，明有信之人，能入仏法。信，言此經如是。不信者，言此經
六〇 不如是也。故肇師言：「如是者，信慎[六]之辭也。夫信，則所言之理慎[七]。理
六一 慎，則師資之道成。」違[八]之者，正言而致[九]返，還原之路[一〇]絶。經[一一]无豐
約，
六二 非信不傳[一二]。故於經首[一三]創建「如是」也。「一時」者，自下，時、方、人三
事，證實非
六三 虛。方，是說經之處。人，謂菩薩等衆。「一時」者，說經時也。於此時中，
仏說
六四 如是經也。又，法王[一四]啓運[一五]之日，大衆嘉集之晨，故言「一時」。「婆伽
婆」者，

校注

【一】「我」，又淺墨楷書於文右。【二】「我」，又淺墨楷書於文右。【三】「是」，《大正藏》衍作「是是」。【四】「流」，又淺墨楷書於文右。【五】「布」，又淺墨楷書於文右。【六】「慎」，《大正藏》作「順」。【七】「慎」，《大正藏》作「順」。【八】「違」，又濃墨楷書於文右。【九】「致」，又淺墨楷書於文右。【一〇】「路」，又濃墨楷書於文右。【一一】「經」，《大正藏》誤作「雖」。【一二】「傳」，又淺墨楷書於文右。【一三】「首」，又淺墨楷書於文右。【一四】「王」，《大正藏》誤作「五」。【一五】「運」，又淺墨楷書於文右。

六五 樹[一]別[二]化主世尊捴[三]号也。破煩惱[四]習，種智現前，覺一切法，号曰「婆伽婆」

六六 也[五]。「在日月宮中」者，説經處也。下，列衆有二。初，明純衆。二，明雜衆及他方

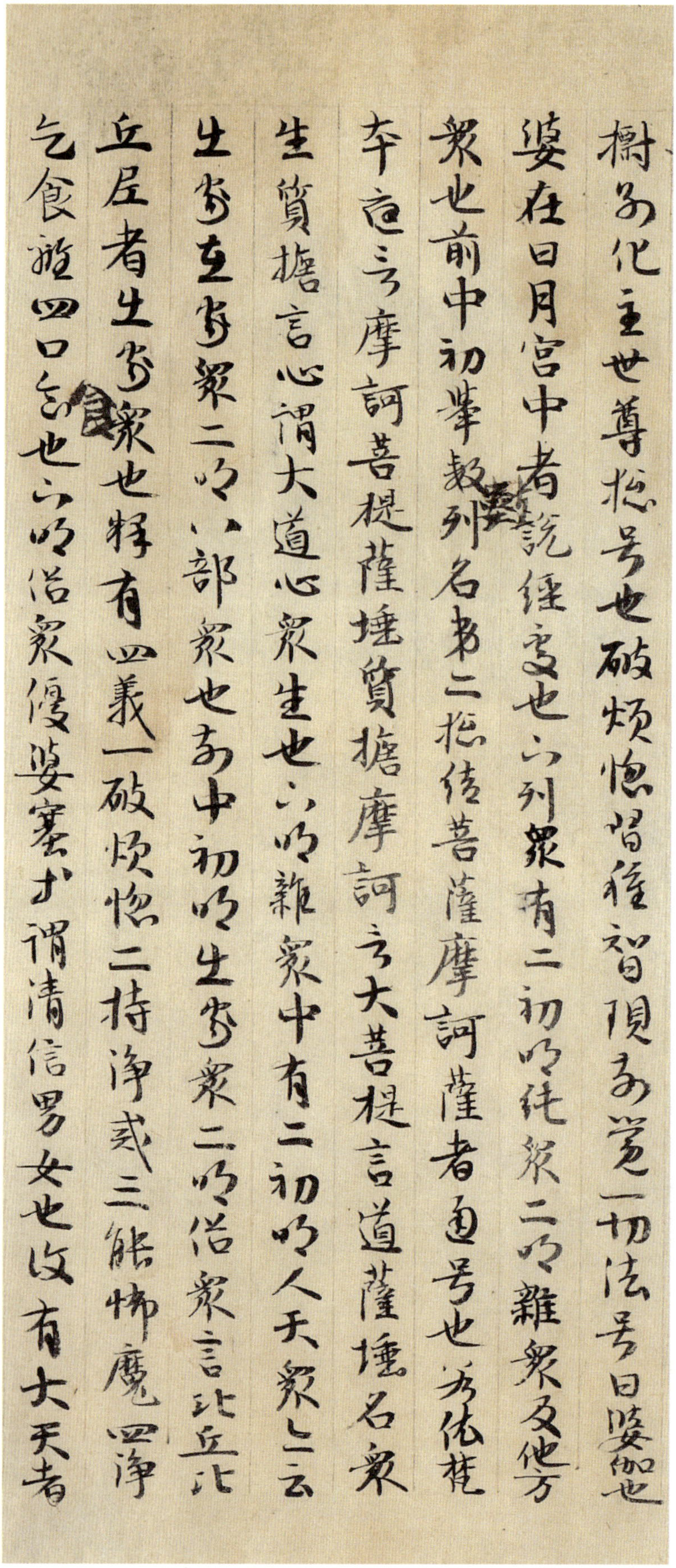

六七 衆也。前中，初，舉數[六]列名。弟二，揔結。「菩薩摩訶薩」者，通号也。若
依梵
六八 本，應言摩訶菩提薩埵質揰。摩訶言大，菩提言道，薩埵名衆
六九 生，質揰言心。謂大道心衆生也。下，明雜衆。中有二。初，明人天衆，亦云
七〇 出家、在家衆。二，明八部衆也。前中，初，明出家衆。二，明俗衆。言「比
丘、比
七一 丘层[七]」者，出家衆也。釋有四義。一，破煩惚。二，持浄戒[八]。三，能怖
魔。四，浄
七二 乞食，離四口食[九]也。下，明俗衆。「優婆塞」等，謂清信男女也。復有「大
天」[一〇]者，

校注

【一】「摽」，此處同「標」。【二】「別」，《大正藏》誤作「于」。【三】「揔」，古同「總」。【四】「惚」，此處同「惱」。參見《大唐王居士磚塔銘》之正楷書。《新集藏經音義隨函録》：音惱。《大正藏》作「惱」。後不再注。【五】「婆也」，原文第六五行末字「也」與第六六行首字「婆」次序顛倒。《大正藏》依文義更正。【六】「數」，古同「數」。又淺墨楷書於文右。【七】「层」，古同「尼」。【八】「戒」，古同「戒」。【九】「食」，又淺墨楷書於文右。【一〇】「大天」，《大正藏》之《法句經》（大二九〇一，以下簡稱《法句經》）録文作「天」。

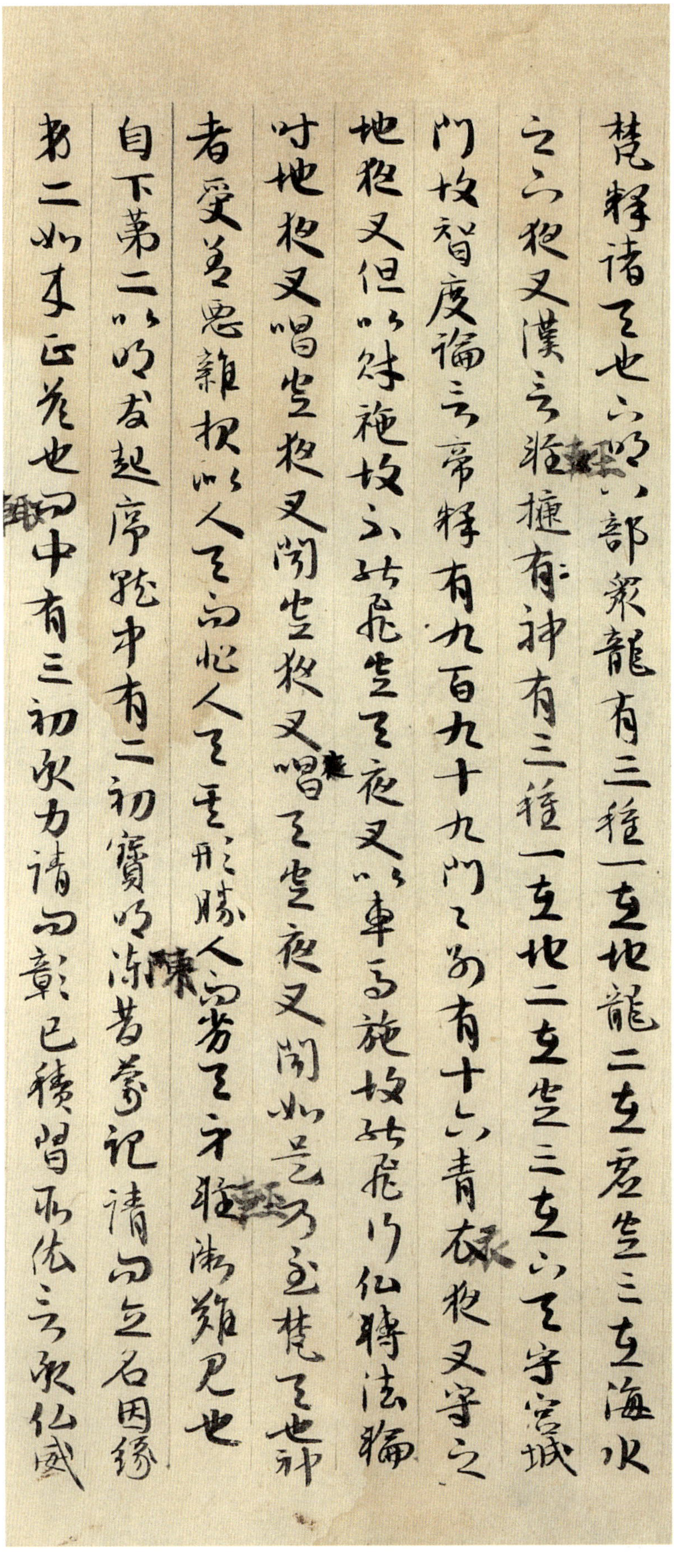

七三 梵、釋諸天也。下，明八部衆。「龍」，有三種。一，在地龍。二，在虛空。三，在海水。

七四 之下，「夜叉」，漢言輕[一]捷[二]神，有三種。一，在地。二，在空。三，在下

天，守宮城

七五 門。故《智度論》言：「帝釋有九百九十九門，門別有十六青衣[三]夜叉守之。」

七六 地夜叉，但以財施故，不能飛空。天夜叉，以車馬施故，能飛行。仏轉法輪

七七 時，地夜叉唱，空夜叉聞。空夜叉唱，天空夜叉聞。如是乃至梵天也。「神」

七八 者，受善恶[四]雜報，似[五]人天而非人天，其形勝人而劣天，身輊[六]微難見也。

七九 自下，第二，以明發起序。就中有二。初，寶明陳[七]昔蒙記請，問[八]立名因緣。

八〇 弟二，如來正答[九]也。問[一〇]中有三。初，承力請[一一]問[一二]彰己積習所依。言「承仏威

校注

【一】「輊」，又淺墨楷書於文右。古同「輕」。【二】「㨗」，古同「捷」。「㨗」下，原文有衍文「有」，右側有删除符。【三】「衣」，又淺墨楷書於文右。【四】「恶」，古同「惡」。【五】「似」，《大正藏》誤作「以」。【六】「輊」，又淺墨楷書於文右。【七】「陳」，又淺墨楷書於文右。【八】「問」，《大正藏》誤作「而」。【九】「答」，《大正藏》誤作「道」。【一〇】「問」，《大正藏》誤作「而」。【一一】「請」，《大正藏》誤作「清」。【一二】「問」，《大正藏》誤作「而」。

神者聖德尊高獨顯啓問自恣淨神亦彼无由直請也燃燈仏
者樹其授記之尊生齋學道正明文殖道本也世尊昔授亦第
二明記而立名爾時寶明亦第三明名字所由但寶明之四句爲空
空其理證成已經又爲請菩因弘至道空之時說世中源法故云
云何授我号爲寶明乎亦義中初文外略明燃燈世尊立名遠意
第二段文分爲兩明釋迦正覺云起意者但寶明歷待先仏功行
亦顯之集釋迦明滿道記燃燈仏爲光其而得心佛名字以尊之
故汝爲之彰号先聖志意廷存形旨之仏釋迦述而亦作羅訖
其而立廣明性空詰破其心爭同慈氏莂記一生當得阿耨菩
提淨名廣問爲用何生得授記乎乃至云如者亦二亦義云何獨

神」[一]者，聖德尊高，輒[二]難啓問，自非降神下被，无由直請也。「燃燈仏」者，擲其授記之尊。「出家學道」，正明文[三]植善本也。「世尊即授」下，弟二，明記所立名。「尒時寶明」下，弟三，問名字所由。但寶明今問，多爲審定其理，證成[四]已解。又爲請首[五]，因弘至道，望与時衆，共[六]聞深法。故言「云何授我号爲寶明乎？」下，答中，初，文外略明燃燈世尊立名遠意。弟二，就文分別，即明釋迦正答。言遠意[七]者，但寶明歷待先仏，玏行不虧，今奉[八]釋迦，將隣道記，燃燈仏爲遣有[九]所得心，假[一〇]名字以導如如，故復爲之彰号。先聖遠意[一一]，既存斯[一二]旨，今仏釋迦，述而不作。還就其所立，廣明性空，詰[一三]破其心，事同慈氏，蒙記一生當得阿耨菩提。浄名廣問：「爲用何生得授記乎？」乃至「言如者不二不異，云何獨

校注

【一】「承仏威神」，《法句經》作「承佛神力」。【二】「輒」，又淺墨楷書於文右。【三】「文」，《大正藏》誤作「又」。【四】「成」，又淺墨楷書於文右。【五】「首」，又淺墨楷書於文右。【六】「共」，又淺墨楷書於文右。【七】「意」，又淺墨楷書於文右。【八】「奉」，又淺墨楷書於文右。【九】「有」，《大正藏》誤作「立」。【一〇】「假」，又淺墨楷書於文右。【一一】「意」，又淺墨楷書於文右。【一二】「斯」，又淺墨楷書於文右。【一三】「詰」，《大正藏》誤作「語」。

九一 授？仁者當得菩提也。」就文分別者，於中有二。初，明爲說勑[一]聽思念[二]

九二 諦，謂審[三]諦聽。若不審[四]，則有謬聞之過。聞之不思，便有退解[五]之真。

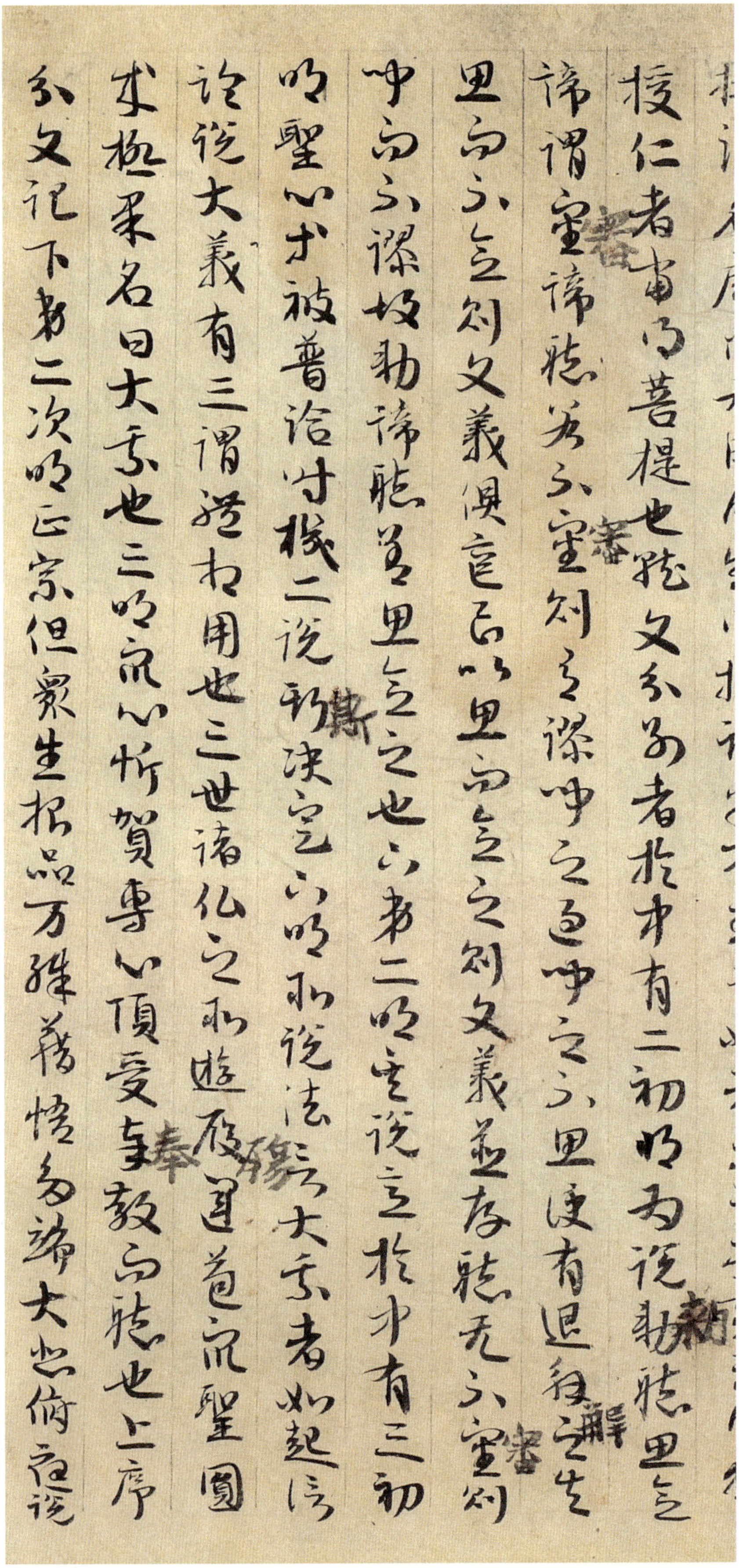

九三 思而不念，則文義俱喪。良以思而念之，則文義並存。聽无不審[六]，則
九四 聞而不謬，故勑[七]「諦聽，善思[八]念之」也。下，弟二，明其說意。於中有
三。初，
九五 明聖心等被普洽時機。二，「說斯[九]決定」下，明所說法。言「大乘」者，如
《起信
九六 論》說：「大義有三，謂，體、相、用也。」三世諸仏之所遊履[一〇]，運芭衆
聖，圓
九七 成極果，名曰「大乘」也。三，明衆心忻賀，專心頂受，奉[一一]教而聽也。上，
序
九八 分又記。下，弟二，次明正宗。但衆生根[一二]品万殊，藉悟多端，大悲俯應，說

校注

【一】「勑」，又淺墨楷書於文右，文中同「勅」。《大正藏》作「勅」。【二】「念」，《大正藏》誤作「定」。【三】「審」，又淺墨楷書於文右。【四】「審」，又淺墨楷書於文右。【五】「解」，又淺墨楷書於文右。【六】「審」，又淺墨楷書於文右。【七】「勑」，《大正藏》作「勅」。【八】「思」，《大正藏》誤作「思成」。【九】「斯」，又淺墨楷書於文右。【一〇】「履」，文右誤釋爲「殤」。《大正藏》作「履」。【一一】「奉」，又淺墨楷書於文右。【一二】「根」，《大正藏》誤作「招」。

之句意不同文中有三初從此文終訖至世尊偈嘆已來正為此土及
餘方機緣已熟者初會說法第二於是东東方已下次為寶至世界普
光大衆第二會說第三仏說經已普光乃忍下明二土時衆中法獲
益也前初會中文有四節初正酬寶明所請第二菩薩欲得所稱
菩提已下因云顯理廣明十八界空第三一切衆生欲得菩提已下
勸近善友第四於是已下寶明大衆聞法慶悅也良以衆生无始
已來認名執義起惑為業輪迴生死尔來不息自非專脩正觀寘
心至理善友示導義无得返所以勸觀名義性空并近善友也初
文有二初正說名字空義第二作是觀以明觀之利益初文復二
初正勸觀第二善男子於名字已下次勸捨著字文有三初勸次

有兩會不同。文中有三。初從此文，終至世尊傷嘆已來，正爲此土及餘方機緣已熟者，初會說法。第二，「於是東[一]方」已下，次爲寶至世界普光大衆，弟二會[二]說。弟三，「仏說經已，普光得忍」下，明二土[三]時衆聞法獲益也。前初會中，文有四節。初，正酬寶明所請。弟二，「菩薩欲淂阿耨菩提」已下，因言顯理，廣明十八界空。弟三，「一切衆生欲淂菩提」已下，勸近善友。弟四，「於是」已下，寶明大衆聞法慶憘[四]也。良以衆生无始已來，尋名執義，起或爲業，輪迴生死，尒來不息。自非專脩正觀，寘[五]心至理，善友良緣，義无淂返。所以勸觀名義性空并近善友也。初文有二。初，正說名字空義。弟二，「作是觀」下，明觀之利益。初文復二。初，正勸觀。弟二，「善男子若名字」已下，次，勸捨著。前文有三。初，勸。次，

校注

【一】「東」，又淺墨楷書於文右。【二】「會」，與「念」形似。《大正藏》作「會」。【三】「土」，《大正藏》誤作「出」。【四】「憘」，字形見《金石文字辨異》引《漢楊孟文石門頌》，古同「喜」。【五】「寘」，「寘」之減筆字，同「冥」。

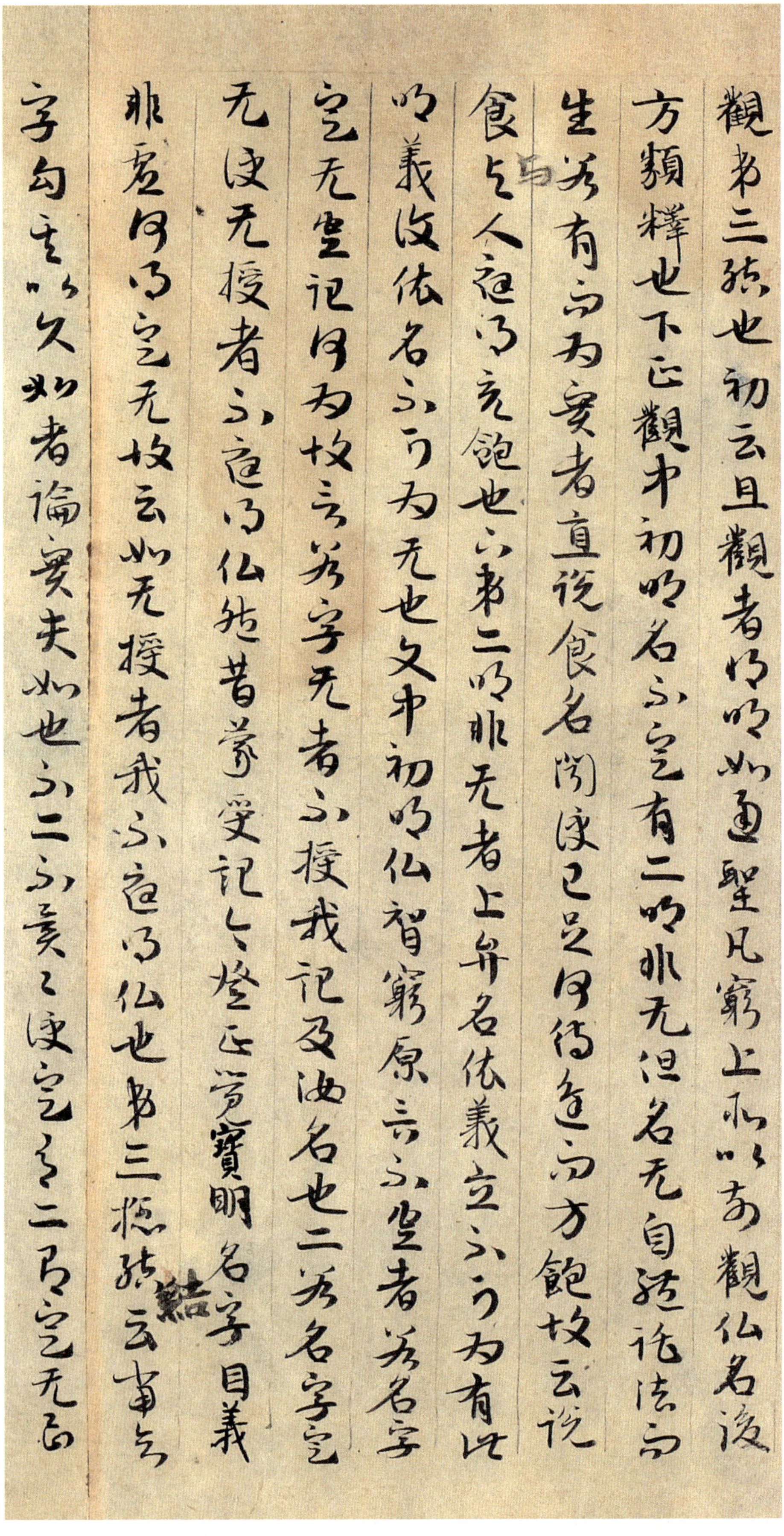

觀。第三，結也。初云「且觀」者，將明[一]如通聖凡窮上，所以前觀仏名，後方類釋也。下，正觀。中，初，明名不定有。二，明非无。但名无自體，託法

而
二一 生。若有而爲實者，直說食名，聞便已足，何待進而方飽？故云「說
二二 食与[二]人，應得充[三]飽」也。下，弟二，明非无者。上弁[四]名依義立，不可爲
有。此
二三 明義復依名，不可爲无也。文中，初，明仏智窮原。言「不空」者，若名字
二四 定无，空記何爲？故言「若字无者，不授我記及汝名」也。二，若名字定
二五 无，便无授者，不應得仏。然，昔蒙受記，今登正覺，寶明名字，目義
二六 非虛，何得定无？故云「如无授者，我不應得仏」也。弟三，捴結[五]。云：
「當知
二七 字勾[六]其以久如」者，論實夫如也。不二不異。異，便定有[七]。二，即定无。
良

校注

【一】「明」，《大正藏》誤作「以」。【二】「与」，又淺墨楷書於文右。【三】「充」，《法句經》作「無」，誤。【四】「弁」，此處同「辯」。《大正藏》作「辯」。【五】「結」，又淺墨楷書於文右。【六】「勾」，此處同「句」。《大正藏》《法句經》均作「句」。【七】「有」，《大正藏》誤作「意」。

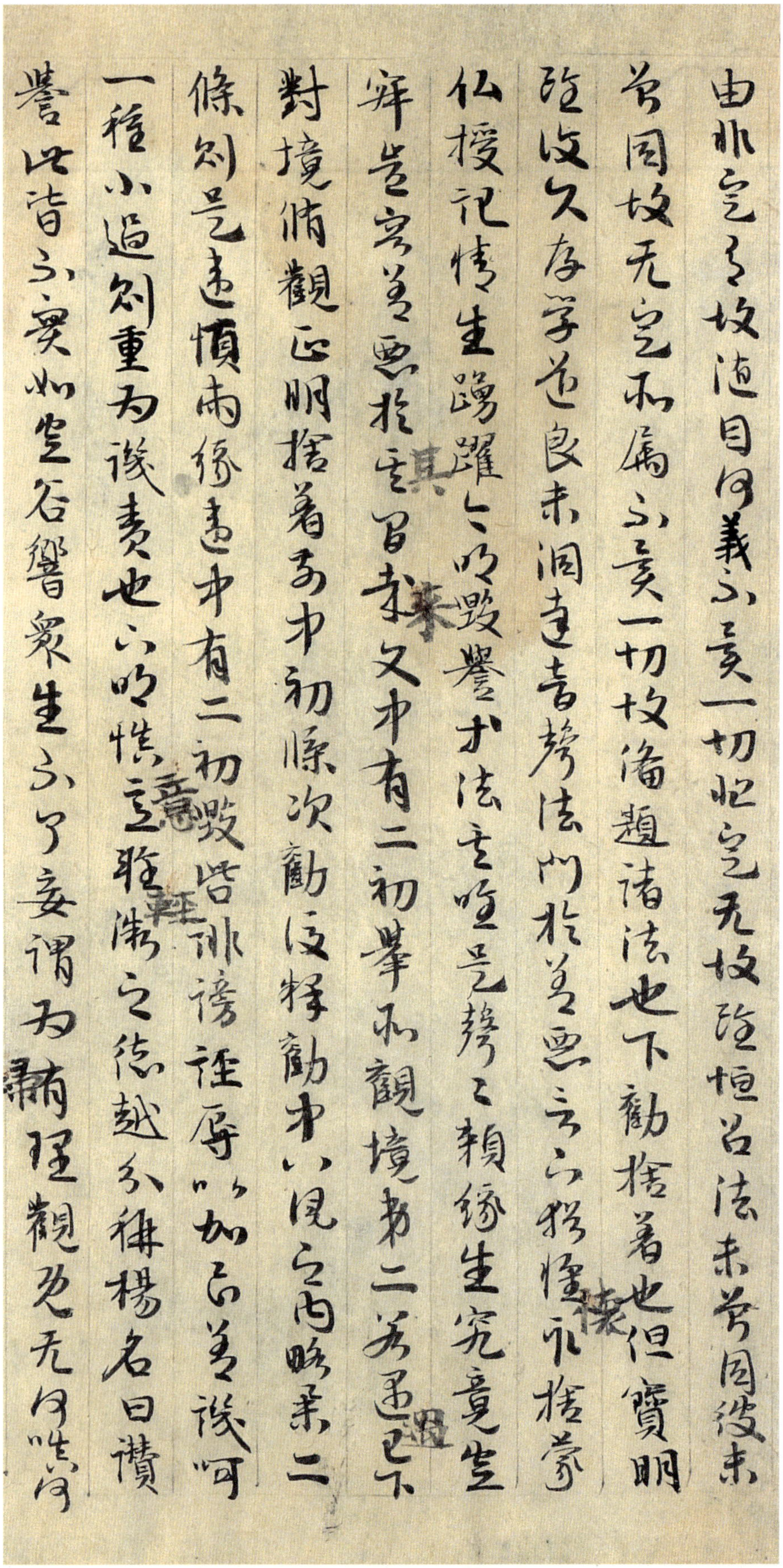

由非定有故，隨目何義不異！一切非定无故，雖[一]恒召法，未曾同彼。未[二]曾同故，无定所屬。不異一切故，偹題諸法也。下，勸捨著也。但寶明雖復久存學道，良未洞達音聲法門，於善惡言下，猶懷[三]取捨。蒙

三一 仏授記，情生踴躍。今明毀譽等法，其唯是聲。聲頼[四]緣生，究竟空
三二 寂，豈容善惡於其[五]間來[六]！文中有二。初，舉所觀境。弟二，「若遇[七]」已
下，
三三 對境脩觀，正明捨著。前中，初，牒。次，勸。後[八]，釋。勸中，八風之内，
略舉二
三四 條，則是違慎[九]兩緣。違中有二。初，毀呰誹謗諲[一〇]辱，以加良善譏呵，
三五 一種小過，則重爲譏責也。下，明慎[一一]意[一二]輊[一三]微之德。越分稱楊[一四]，名曰
讃[一五]
三六 譽。此皆不實，如空谷響。衆生不了，妄謂爲有。理觀既无，何嗔[一六]？何

校注

【一】「雖」，《大正藏》誤作「墮」。【二】「未」，《大正藏》誤作「末」。【三】「懐」，又淺墨楷書於文右。《大正藏》誤作「難」。【四】「頼」，《大正藏》誤作「類」。【五】「其」，又淺墨楷書於文右。【六】「來」，又淺墨楷書於文右。【七】「遇」，又淺墨楷書於文右。【八】「後」下，《大正藏》有「復」。【九】「慎」，《大正藏》作「順」。【一〇】「諲」，《大正藏》誤作「經」。【一一】「慎」，此處通「順」，《大正藏》作「順」。【一二】「意」，又淺墨楷書於文右。【一三】「輊」，又淺墨楷書於文右。【一四】「楊」，此處通「揚」。《大正藏》作「揚」。【一五】「讃」，古同「讚」。【一六】「嗔」，《大正藏》作「瞋」。

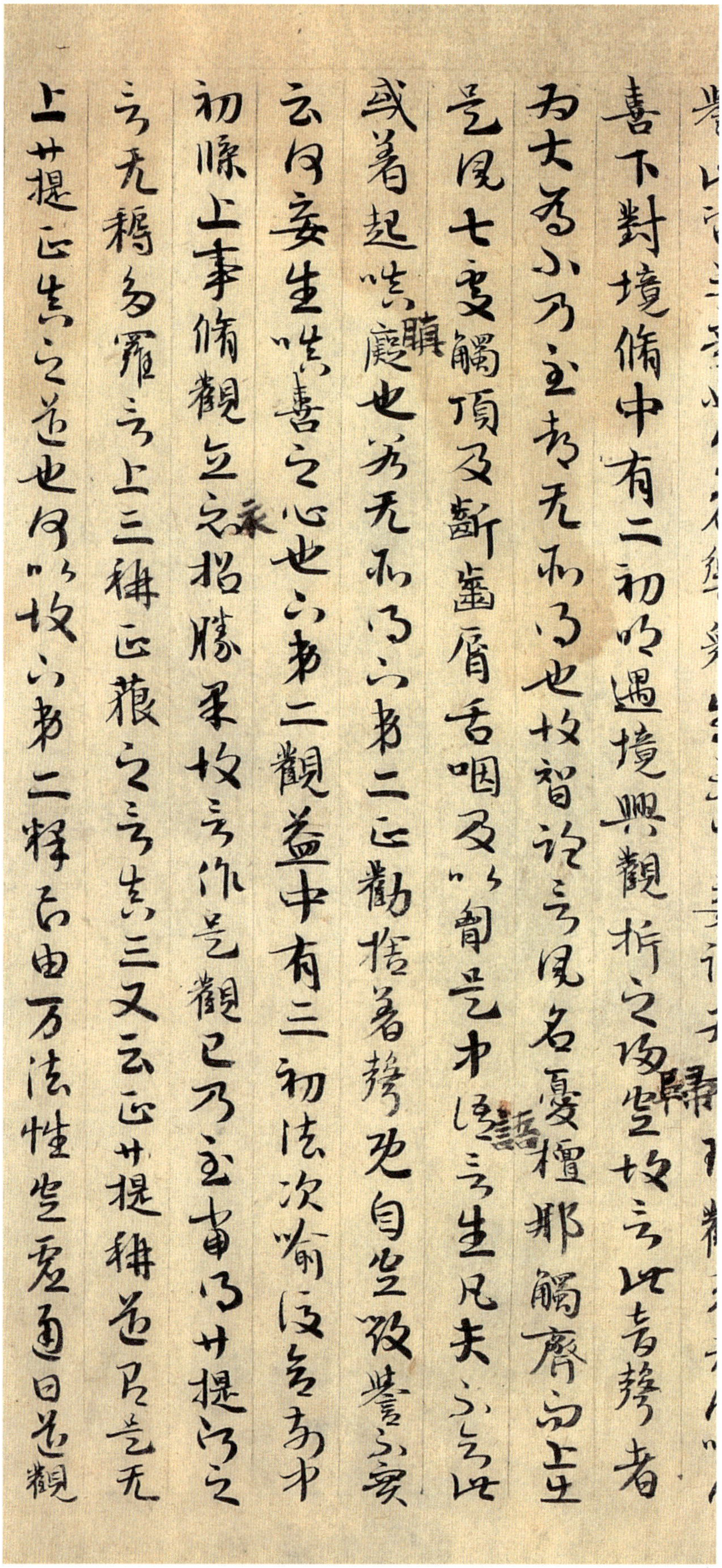

二七 喜？下，對境脩。中有二。初，明遇境興觀，拆[一]之歸[二]空。故言「此音聲者，

二八 爲大為小」，乃至「都无所得」也。故《智論》言「風名憂檀[三]那，觸齊[四]而

上出。

二九 是風七處觸，頂及斷[五]、齒、脣、舌、咽及以胷，是中語[六]言生。凡夫不知此，

三〇 或著起嗔[七]癡[八]」也。「若无所得」下，弟二，正勸捨著。聲既自空，毀譽不實，

三一 云何妄生嗔[九]喜之心也！下，弟二，觀益。中有三。初，法。次，喻。後，合。前中，

三二 初，牒上事。脩觀立，衣[一〇]招勝果，故言「作是觀已」，乃至「當得菩提」。阿之

三三 言无，耨多羅言上，三稱正，藐[一一]之言真，三又云正，菩提稱道，即是无

三四 上菩提正真之道也。「何以故」下，弟二，釋。良由万法性空，虛通曰道，觀

校注

【一】「拼」，此處同「析」。《大正藏》誤作「拆」。【二】「歸」，又淺墨楷書於文右。【三】「櫃」，古同「檀」。【四】「齊」，《大正藏》作「臍」。【五】「斷」，此處同「齦」。【六】「語」，又淺墨楷書於文右。【七】「嗔」，又將「瞋」字淺墨楷書於文右。《大正藏》作「瞋」。【八】「癡」，此處同「癡」。古「疒」、「广」常混用。【九】「嗔」，《大正藏》作「瞋」。【一〇】「衣」，又淺墨楷書於文右。【一一】「藐」，古同「藐」。

揆上亦得為亦證也亦明喻合兩文繞相飛空騰乃騰虛菩提之境
刻切亦唐捐故云菩薩觀空之乃證也自六者二次觀界空也內六
根外六塵中間六識合為十八文中有三初明厭背生死之經高
栖空理勸之脩觀合所請或者二譬如楊柴已下明理隱難彰
借喻為說者三請有智者已下結觀脩行明觀取生益前中有
三初柔果勸行至因者二或有衆生已下明觀脩之者三明不
自見已亦正明脩觀廣辯空義前中復三初柔果勸脩正明菩提
證狀者二寶明請問者三佛云亦善也曰三乘本空非亦始空
證已菩提无勞所證何故乃云云乃菩提第觀三變也釋云菩提
證性實无隱顯但以无明所覆之而不覺妄須脩觀始方顯證
辟如虛空證性雖淨然為烟雲塵霧之所隱蔽亦可以空證

一三五 聲亦尒，何爲不證也！下，明喻合兩文。纔相飛空，睡乃騰虛，菩提久現，
一三六 則切不唐捐。故言「菩薩觀空，衣[一]得證」也。自下，弟二，次觀界空也。內
六
一三七 根、外六塵、中間六識，合為十八。文中有三。初，明猒背生死，衣須[二]高
一三八 栖空理，勸之脩觀，令斷諸或。弟二，「譬如楊[三]炎」已下，明理隱難彰，
一三九 借喻爲況。弟三，「諸有智者」已下，結觀脩行，明觀所成益。前中有
一四〇 三。初，舉果勸行其因。弟二，「或有衆生」已下，明觀脩意。弟三，「眼不
一四一 自見」已下，正明脩觀，廣弁[四]空義。前中復三。初，舉果勸脩，正明菩提
一四二 體狀。弟二，寶明請問。弟三，仏言下答也。問曰：「三事本空，非今始空。
一四三 體即菩提，无勞別證。何故乃言『欲得菩提，當觀三處』也？」釋言：「菩提
一四四 體性，實无隱顯。但以无明所覆，有而不覺，要[五]須脩觀，始方剋證。
一四五 譬若[六]虛空，體[七]性雖淨，然爲烟雲塵霧之所隱蔽，不可以空。體

校注

【一】「衣」，又淺墨楷書於文右。【二】「須」，又淺墨楷書於文右。【三】「楊」，《大正藏》作「陽」。【四】「弁」，此處同「辯」。《大正藏》作「辯」。【五】「要」，《大正藏》誤作「安」。【六】「若」，《大正藏》誤作「如」。【七】「體」，《大正藏》誤作「證」。

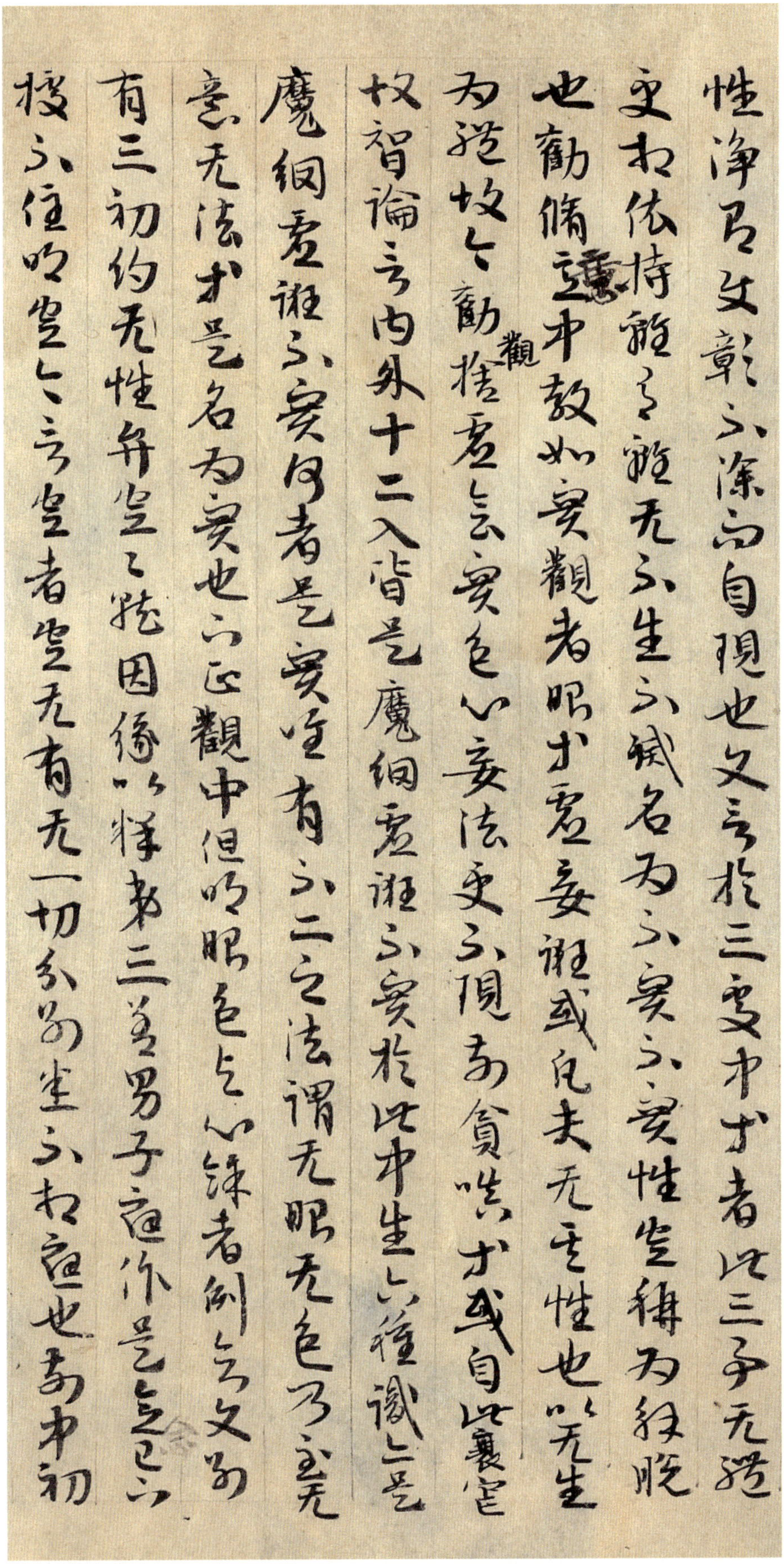

一四六 性淨，即使[二]彰，不除而自現也。」文言「於三處中」等者，此三事无體，

一四七 更相依持，離有、離无，不生、不滅，名爲不實。不實性空，稱爲解脱

一四八 也。勸脩意[二]中，「教如實觀」者，眼等虛妄，誑或凡[三]夫，无其性也，以无
生
一四九 爲體，故今勸觀[四]，捨虛會實。色心妄法，更不現前。貪嗔等或，自此衰
喪[五]。
一五〇 故《智論》言「内外十二入，皆是魔網，虛誑不實。於此中，生六種識，亦是
一五一 魔網，虛誑不實。何者是實？唯有不二之法。謂：无眼、无色，乃至无
一五二 意、无法等，是名爲實」也。下，正觀中，但明眼、色与心，餘者例令文別
一五三 有三。初，約无性弁[六]空。[七]空就因緣以釋。弟三，「善男子應作是念[八]」已
下，
一五四 據不住，明空。今[九]言「空」者，空，无有，无一切分別，悉[一〇]不相應也。前
中，初，

校注

【一】「使」，《大正藏》誤作「文」。【二】「意」，又淺墨楷書於文右。【三】「凡」，《大正藏》誤作「犯」。【四】「觀」，楷書補於文右。【五】「喪」，形近漢《曹全碑》之「喪」字。【六】「弁」，此處同「辨」。《大正藏》作「辨」。【七】前文稱「有三」，前有「初」，後有「第三」，此處似應補入「第二」。【八】「念」，又淺墨楷書於文右。【九】「今」，《大正藏》誤作「旨」。【一〇】「悉」，古同「悉」。

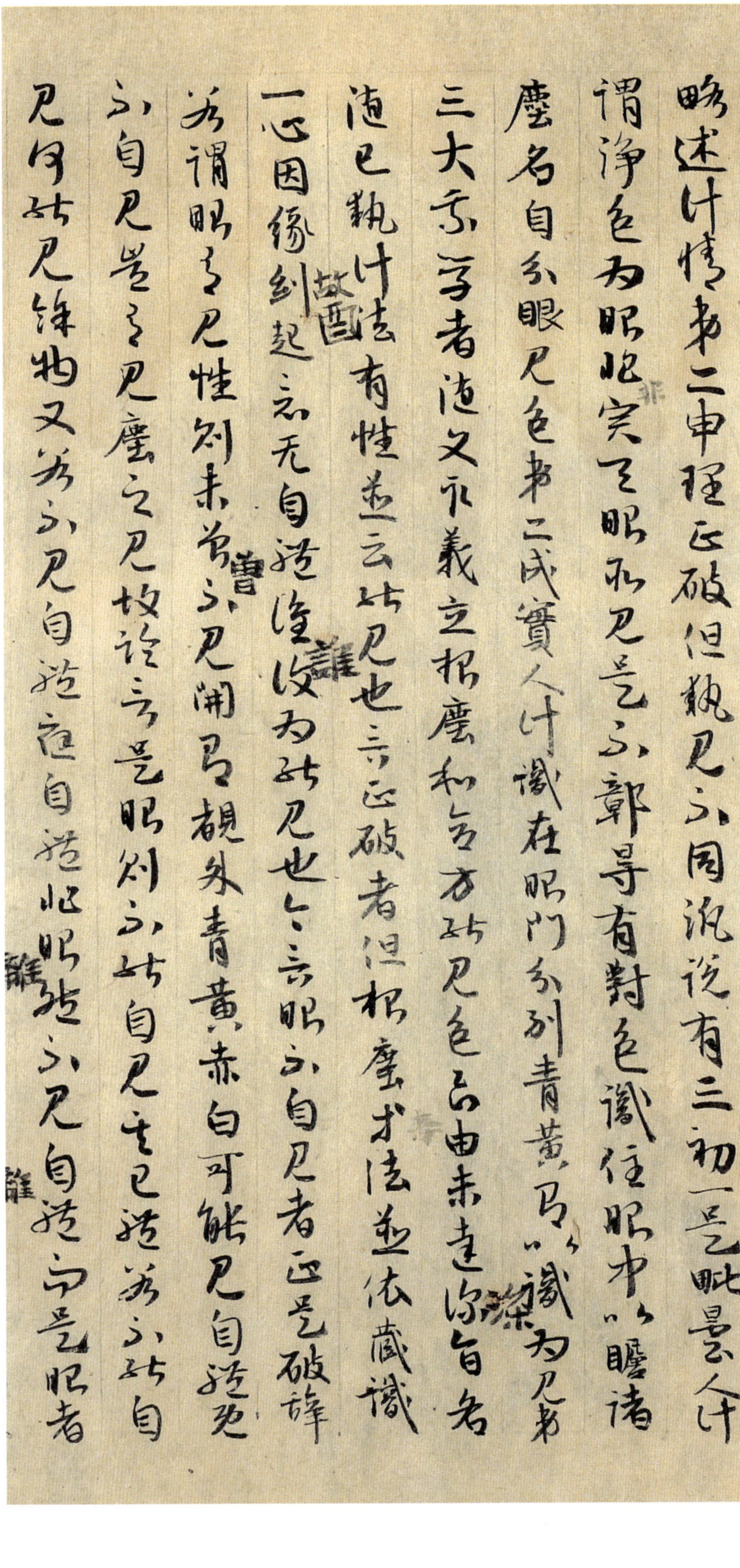

一五五 略述計情。弟二，申理正破，但執見不同。汎説有三。初一是毗曇人[一]計，

一五六 謂淨色爲眼，非[二]實[三]，天眼所見，是不郭导[四]有對色。識住眼中，以瞻諸

一五七 塵，名自分眼見色。弟二，成實人計。識在眼門，分別青黃，即以識爲見。弟

一五八 三，大乘學者，隨文取義立，根塵和合，方能見色。良由未達深[五]旨，各

一五九 隨已執，計法有性，並云能見也。言「正破」者，但根塵等[六]法，並依藏識。

一六〇 一心因緣糺[七]起，竟[八]无自體，誰[九]復爲能見也！今言「眼不自見」者，正是破辭。

一六一 若謂眼有見性，則未曾[一〇]不見，開即覩外，青、黃、赤、白可能見。自體既

一六二 不自見，豈[一一]有見塵之[一二]見！故《論》言：「是眼則不能自見其己體。若不能自

一六三 見，何能見餘物？」又，若不見自體，應自體非眼，然不見自體，而是眼者，

校注

【一】「人」，《大正藏》誤作「八」。【二】「非」，又淺墨楷書於文右。【三】原文似爲「實」（「实」或「実」），與寫卷中其他「實」字寫法不同。《大正藏》作「實」。【四】「㝵」，此處同「礙」。【五】「深」，又淺墨楷書於文右。【六】「等」，又將「等」淺墨楷書於文右。【七】「糺」，正文右側書「故酉」二字，當爲對「糺」之反切。《大正藏》誤作「幻」。【八】「竟」，《大正藏》誤作「意」。【九】「誰」，又淺墨楷書於文右。【一〇】「曾」，又將「曾」淺墨楷書於文右。【一一】「豈」，《大正藏》誤作「覺」。【一二】「之」，《大正藏》誤作「立」。

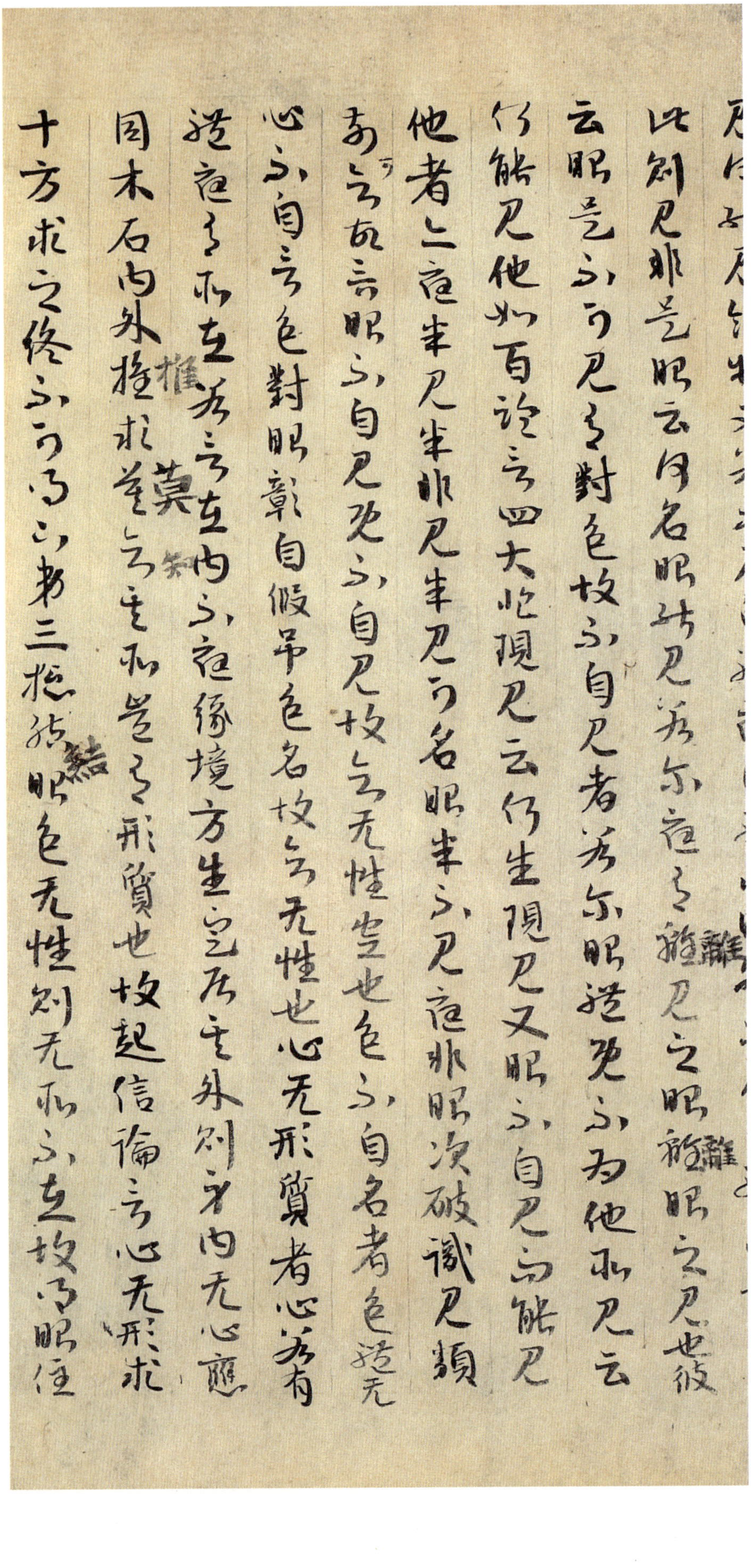

一六四 此則見非是眼，云何名眼能見？若尔，應有離[二]見之眼、離[三]眼之見也。彼

一六五 云「眼是不可見有對色，故不自見」者。若尔，眼體既不爲他所見，云

一六六 何能見他？如《百論》言：「四大非現見，云何生現見！」又，眼不自見，而

能見

一六七 他者，亦應半見、半非見。半見可名眼，半不見應非眼。次破識見，類

一六八 前可[三]知。故言「眼不自見」。既不自見，故知无性空也。「色不自名」者，

色體无

一六九 心，不自言色，對眼彰自，假吊[四]色名，故知无性也。「心无形質」者，心若

有

一七〇 體，應有所在。若言：「在内不應，緣境方生。定居其外，則身内无心。」應

一七一 同木石，内外推[五]求，莫[六]知[七]其所，豈有形質也！故《起信論》言：「心无

形，求

一七二 十方，求之終不可得。」下，弟三，捴結[八]。眼、色无性，則无所不在。故得

「眼住

校注

【一】「離」，又淺墨楷書於文右。【二】「離」，又淺墨楷書於文右。【三】「可」，淺墨補書於文右。【四】原文似爲「吊」，與「另」形近。《大正藏》作「吊」。【五】「推」，又淺墨楷書於文右。【六】「莫」，又淺墨楷書於文右。【七】「知」，又淺墨楷書於文右。【八】「結」，又淺墨楷書於文右。

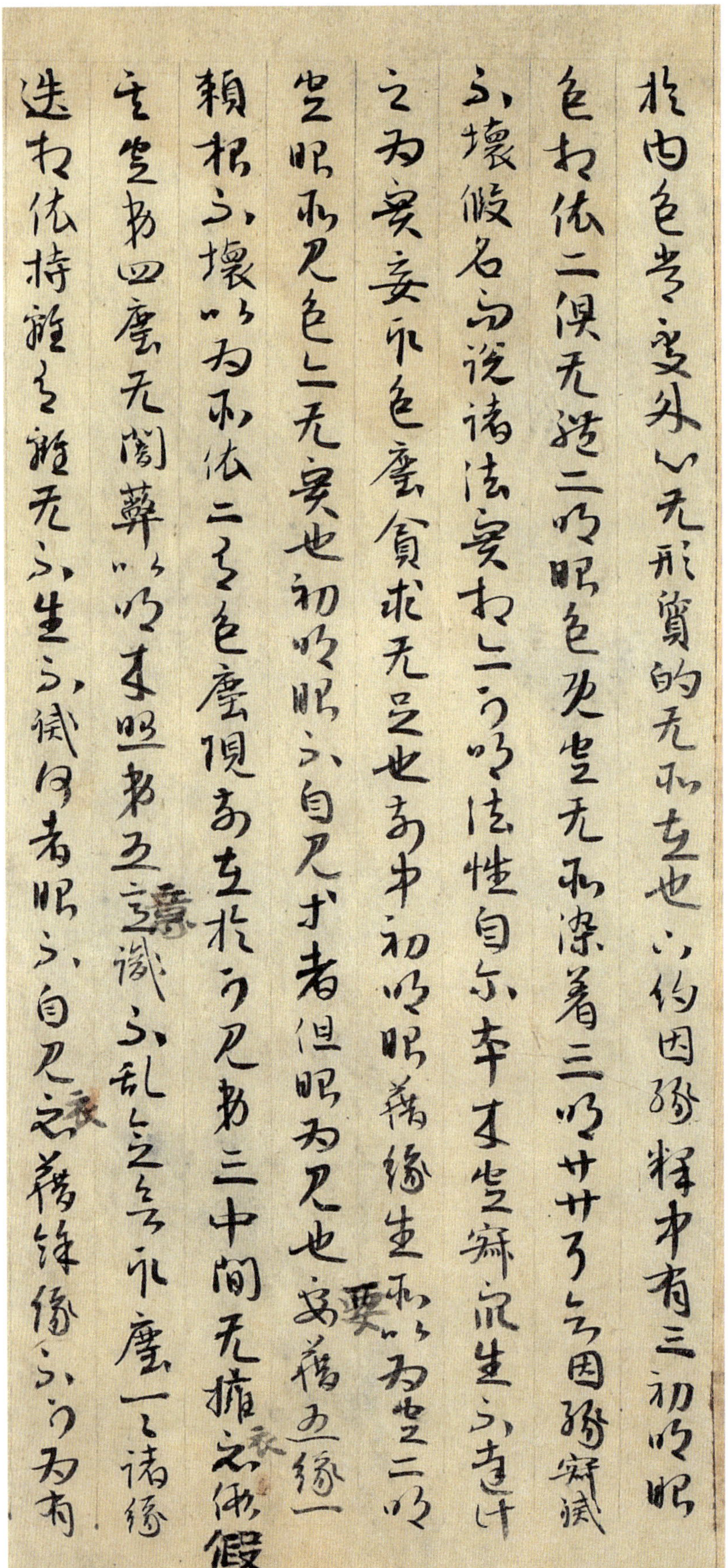

於內，色常處外，心无形質，的无所在」也。下，約因緣釋。中有三。初，明眼、色相依，二俱无體。二，明眼、色既空，无所染著。三，明菩薩了[二]知因緣寂

滅
一七五 不壞假名，而説諸法實相。亦可明法性自尒，本來空寂，衆生不達，計
一七六 之爲實，妄取色塵，貪求无足也。前中，初，明眼藉緣生，所以爲空。二，明
一七七 空眼所見，色亦无實也。初，明「眼不自見」等者，但眼爲見也，要[二]藉五
緣。一，
一七八 賴根不壞，以爲所依。二，有色塵現前，在於可見。弟三，中間无擁，衣[三]
假[四]
一七九 其空。弟四，塵无闇蘙，以明來照。弟五，意[五]識不乱，念欲取塵。一一諸
緣，
一八〇 迭相依持，離有、離无，不生、不滅。何者？眼不自見，衣[六]藉餘緣，不可爲
有。

校注

【一】「了」，《大正藏》誤作「可」。【二】「要」，又淺墨楷書於文右。【三】「衣」，又淺墨楷書於文右。此處通「亦」。《大正藏》作「衣」。

【四】「假」，又濃墨楷書於文下。【五】「意」，又淺墨楷書於文右。【六】「衣」，又淺墨楷書於文右。此處通「亦」。《大正藏》作「亦」。

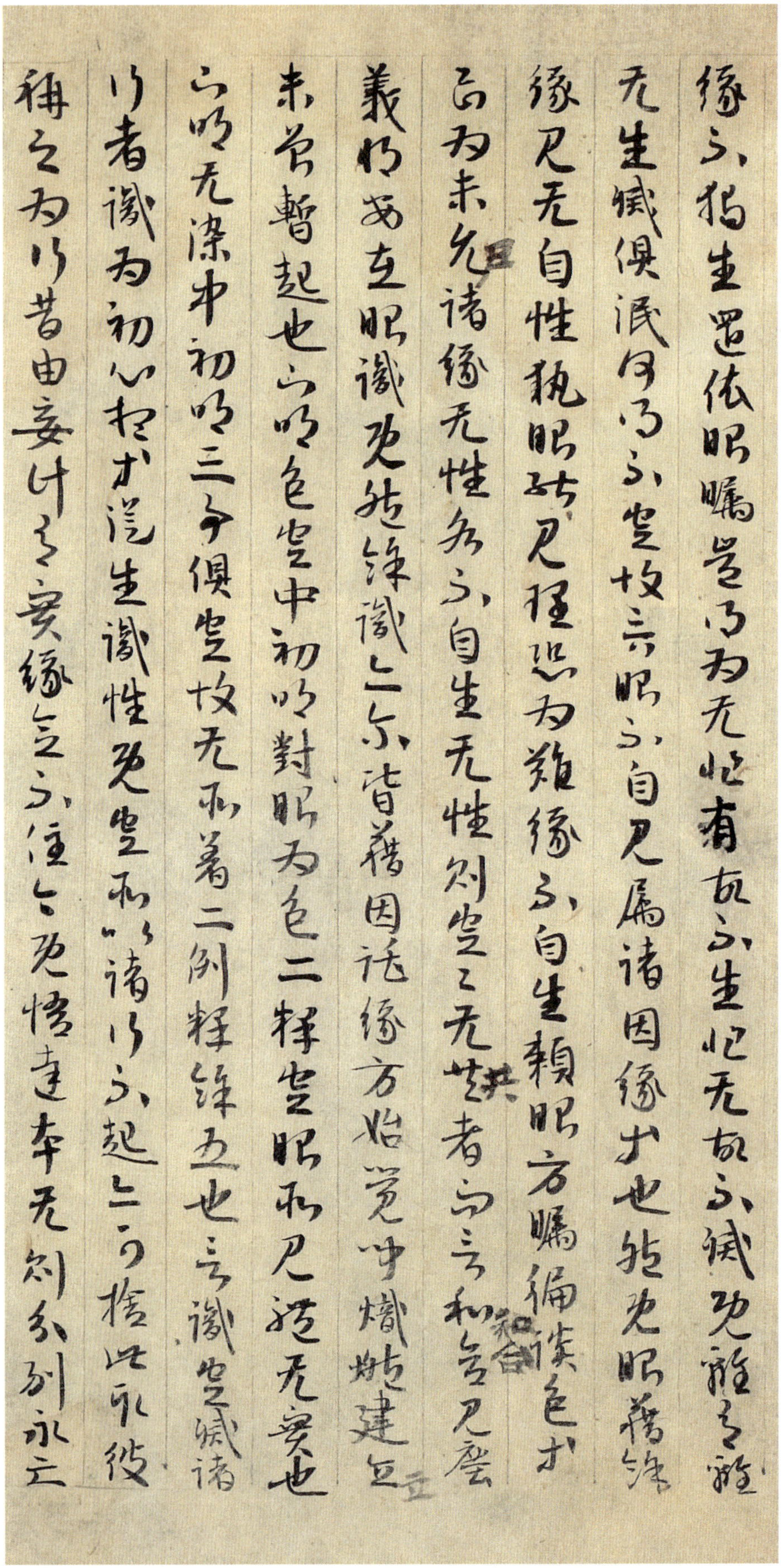

一八一 緣不獨生，還[二]依眼矚，豈得爲无？非有故，不生。非无故，不滅。既離有、

離

一八二 无，生滅俱泯，何得不空？故言「眼不自見，屬諸因緣」等也。然，既眼藉餘

一八三 緣，見无自性。執眼能見，理恐爲難。緣不自生，賴眼方矚。偏談色等，

一八四 良爲未允[二]。諸緣无性，各[三]不自生。无性則空，空无共[四]者。而言和[五]合[六]

見塵，

一八五 義將安在？眼識既然，餘識亦尔，皆藉因託緣，方始覺聞，熾燃建立[七]，

一八六 未曾暫起也。下，明色空。中，初，明對眼爲色。二，釋空眼所見，體无實

也。

一八七 下，明无染。中，初，明三事俱空，故无所著。二，例釋餘五也。言「識空滅

諸

一八八 行」[八]者，識爲初心，相等從生。識性既空，所以諸行不起，亦可捨此取彼，

一八九 稱之爲行。昔由妄計有實，緣念[九]不住。今既悟達本无，則分別永亡。

校注

【一】「還」，《大正藏》誤作「置」。【二】「允」，文右淺墨楷書一「尹」字。《大正藏》誤作「説」。【三】「各」，《大正藏》誤作「名」。

【四】「共」，又淺墨楷書於文右。【五】「和」，又淺墨楷書於文右。【六】「合」，又淺墨楷書於文右。【七】「立」，又淺墨楷書於文右。

【八】「識空滅諸行」，《法句經》作「識心是空滅於諸行」。【九】「念」，《大正藏》誤作「令」。

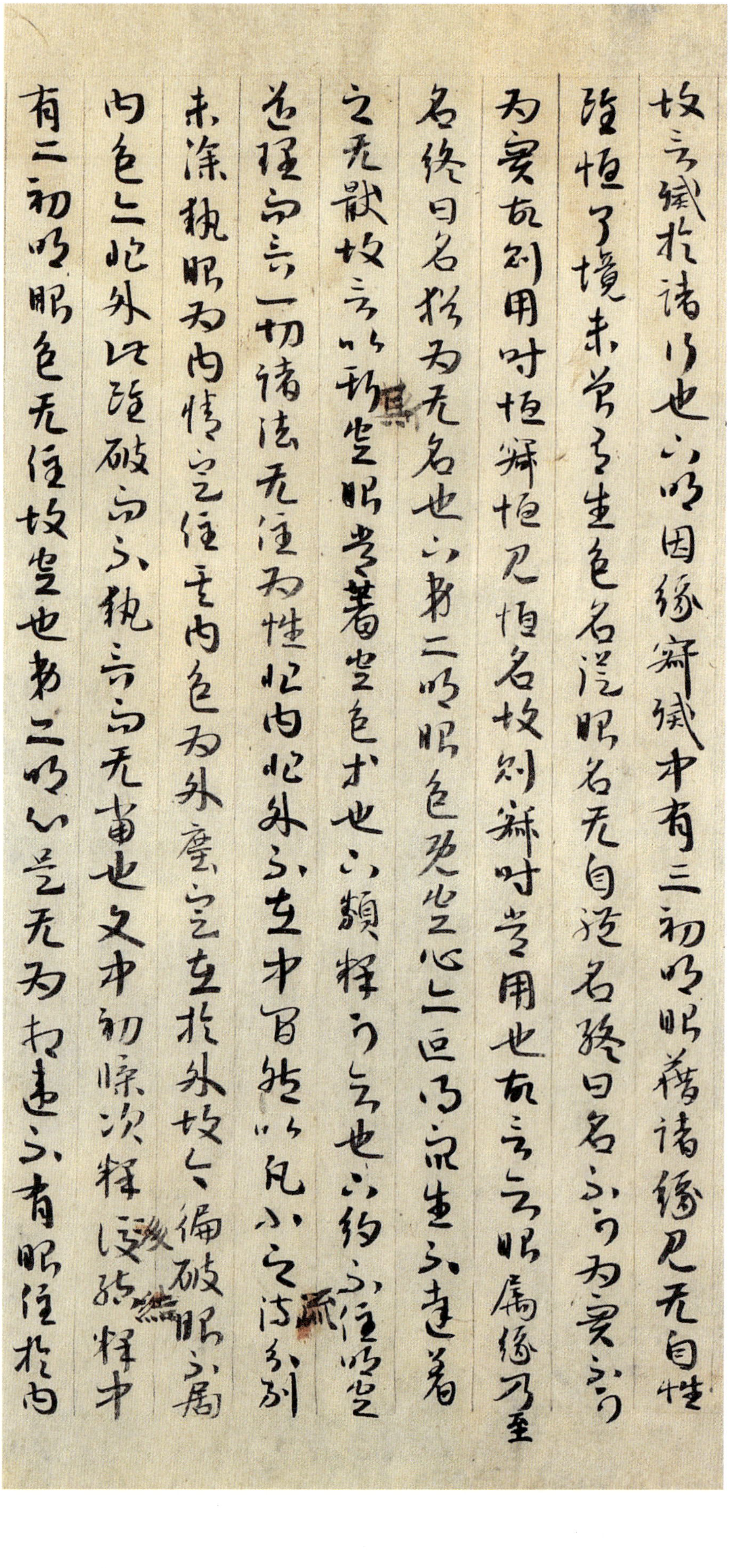

一九〇 故言「滅於諸行」也。下，明因緣寂滅。中有三。初，明眼藉諸緣，見无自性，

一九一 雖恒了境，未曾有生。色名從眼，名无自體。名終曰[二]名，不可爲實。不可

爲實故，則用時恒寂。恒見恒名故，則寂時常用也。故言「知眼屬緣」，乃至「名終曰[二]名，猶爲无名」也。下，弟二，明眼色既空，心亦叵得。衆生不達，著之无猒。故言「以斯[三]空眼常看[四]空色」等也。下，類釋可知也。下，約不住明空。

道理而言，一切諸法，无住爲性，非内，非外，不在中間。然以凡小[五]之流[六]，分别未除。執眼爲内情，定住其内。色爲外塵，定在於外。故今偏破，眼不局内，色亦非外。此雖破而不執，言而无當也。文[七]中，初，牒。次，釋。後[八]，結[九]。釋中有二。初，明眼色无住故空也。弟二，明心是无爲，相違不有。「眼住於内」

校注

【一】「曰」，《大正藏》誤作「日」。【二】「曰」，《大正藏》《法句經》均誤作「日」。【三】「斯」，又淺墨楷書於文右。【四】原文爲「著」，有誤。《大正藏》《法句經》均作「看」。【五】「小」，《大正藏》誤作「不」。【六】「流」，又淺墨楷書於文右。【七】「文」，《大正藏》誤作「又」。【八】「後」，又淺墨楷書於文右。【九】「結」，又淺墨楷書於文右。

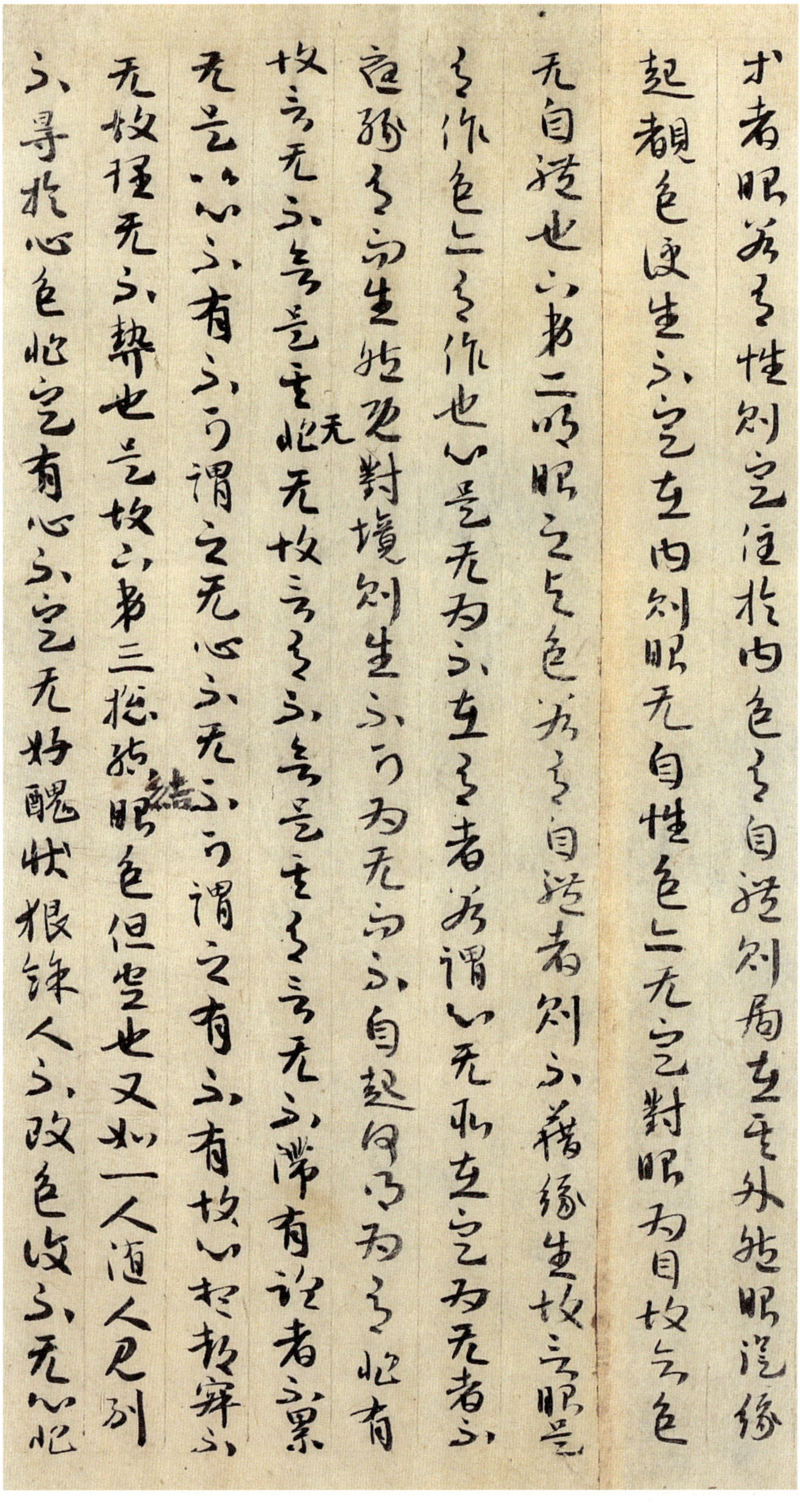

一九 等者，眼若有性，則定住於內。色有自體，則局在其外。然，眼從緣

二〇〇 起，觀色便生，不定在内，則眼无自性。色亦无定，對眼爲目[一]。故知色
二〇一 无自體也。下，弟二，明眼之与色，若有自體者，則不藉緣生。故言「眼是
二〇二 有作[二]，色亦有作[三]」也。「心是无爲，不在有」者，若謂「心无所在，定爲无」者，不
二〇三 應緣有而生。然，既對境則生，不可爲无。而不自起，何得爲有？非有
二〇四 故，言无，不欲是其无[四]。非无故，言有，不欲是其有。言无不滯，有論者不累
二〇五 无。是以心不有，不可謂之无。心不无，不可謂之有。不有故，心相都寂。不
二〇六 无故，理无不⿱执廾[五]也。「是故」下，弟三，揔結[六]。眼色但空也。又如一人，随人見別，
二〇七 不㝵於心。色非定有，心不定无。好醜狀狠[七]，餘人不改。色復不无，心非

校注

【一】「目」，《大正藏》誤作「因」。【二】「作」，《法句經》作「住」。【三】「作」，《法句經》作「住」。【四】「无」，楷書補於文右。【五】「⿱执廾」，古同「契」。【六】「結」，又淺墨楷書於文右。【七】「狠」，此處同「貌」。

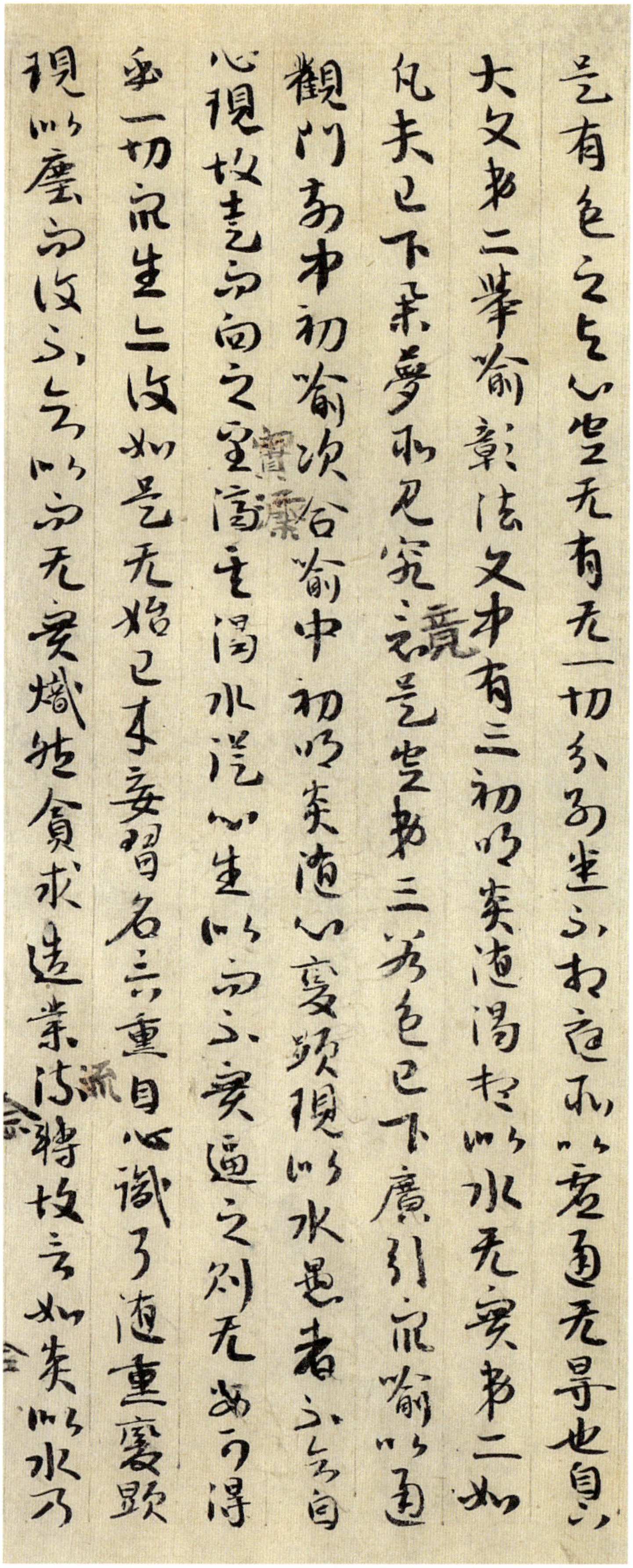

二〇八 是有。色之与心，空无有无。一切分別，悉[一]不相應。所以虛通无导也。自下，

二〇九 大文弟二，舉喻彰法。文[二]中有三。初，明炎隨渴[三]相[四]，似[五]水无實。弟

二，「如凡夫」已下，舉夢所見，究竟[六]是空。弟三，「若色」已下，廣引衆喻，以通觀門。前中，初，喻。次，合喻。中，初明炎隨心變，顯現似[七]水。愚者不知自心現，故走而向之，望[八]濟[九]其渴[一〇]。水從心生，似而不實，逼之則无，安可淂乎？一切衆生，亦復如是。无始已來，妄習名言，熏[一一]自心識，了隨熏[一二]變，顯現似塵，而復不知，似而无實，熾然貪求，造業流[一三]轉。故言「如炎似水」，乃

校注

【一】「恙」，《大正藏》誤作「迷」。【二】「文」，《大正藏》誤作「又」。【三】「渴」，《大正藏》誤作「陽」。【四】「相」，《大正藏》誤作「於」。【五】「似」，《大正藏》誤作「以」。【六】「竟」，又淺墨楷書於文右。【七】「似」，《大正藏》誤作「以」。【八】「望」，文右淺墨楷書誤釋爲「寶」。《大正藏》誤作「聖」。【九】「濟」，又淺墨楷書於文右。【一〇】「渴」，《大正藏》誤作「濁」。【一一】「熏」，《大正藏》誤作「重」。【一二】「熏」，《大正藏》誤作「重」。【一三】「流」，又淺墨楷書於文右。

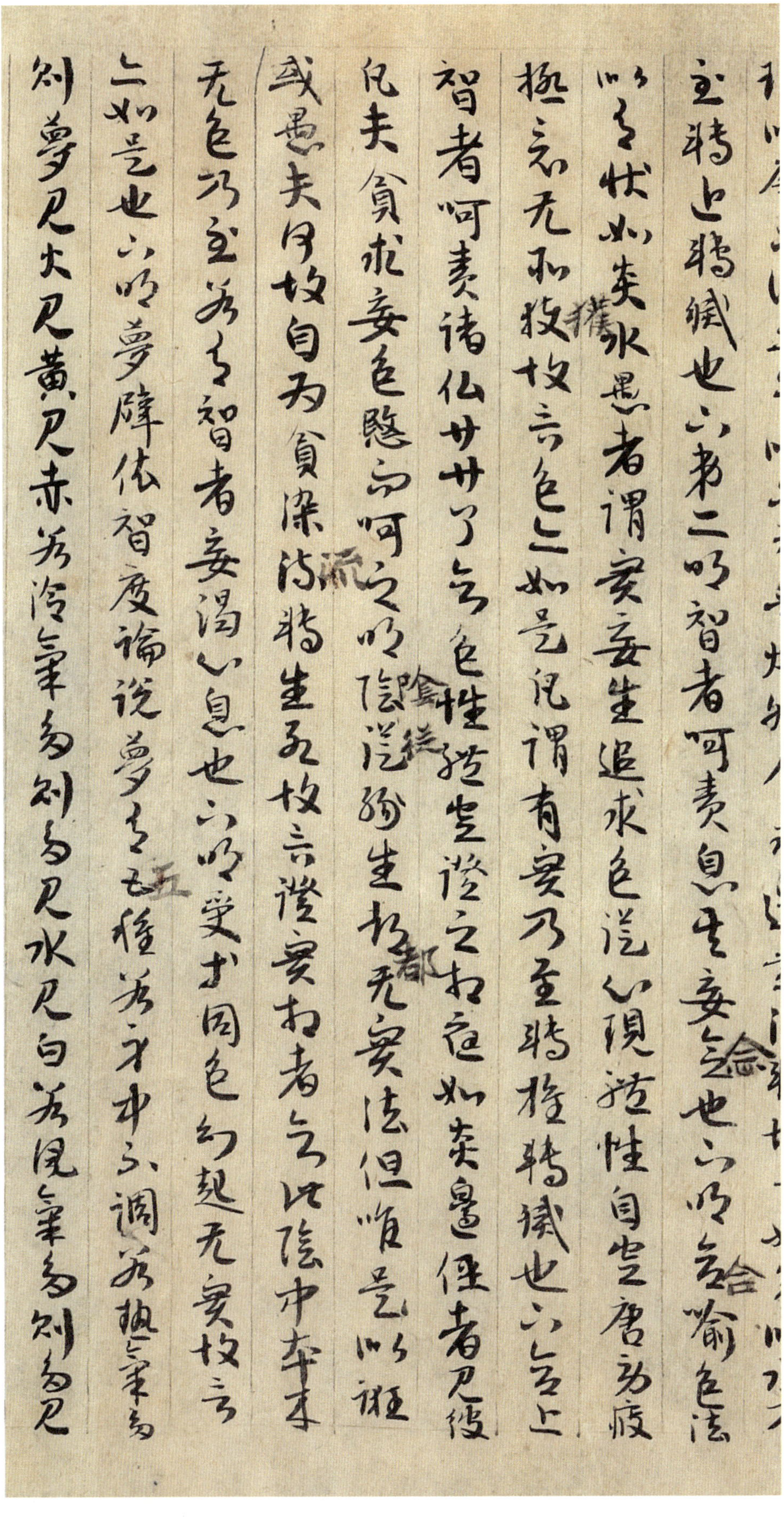
至轉近轉滅也下弟二明智者呵責息其妄念也下明合喻色法
以之狀如炎水愚者謂實妄生追求色從心現從性自空唐勞疲
極受無利故云色亦如是凡謂有實乃至轉轉轉滅也下合上
智者呵責諸佛菩薩了知色性從空從之而起如炎虛偽者凡復
凡夫貪求妄色隱而呵之明陰從緣生都無實法但唯是以誑
惑愚夫目故自為貪染流轉生死故云從實而有者知此陰中本來
無色乃至五蘊智者妄渴心息也下明受想因色幻起無實故云
亦如是也下明夢譬依智度論說夢有五種若身中不調若熱氣多
則夢見火見黃見赤若冷氣多則夢見水見白若風氣多則夢見

二五

至「轉近轉滅」也。下，弟二，明智者呵責，息其妄念[一]也。下，明合[二]喻。

色法

二二六 似有，狀如炎[三]水。愚者謂實，妄生追求。色從心現，體性自空。唐勞疲

二二七 極，竟无所獲[四]。故言「色亦如是，凡謂有實」，乃至「轉推轉滅[五]」也。

下，合上

二二八 「智者呵責」。諸仏菩薩，了知色性體空，證之相應。如炎邊經者，見彼

二二九 凡夫，貪求妄色，愍而呵之。明陰[六]從[七]緣生，都[八]无實法，但唯是似誑

二三〇 或愚夫，何故自爲貪染，流[九]轉生死！故言「證實相者，知此陰中，本來

二三一 无色」，乃至「若有智者，妄渴心息」也。下，明受等同色，幻起无實。故言

二三二 「亦如是」也。下，明夢辟。依《智度論》說：「夢有五[一〇]種。若身中不調，

若熱氣多，

二三三 則夢見火、見黃、見赤。若冷氣多，則多見水、見白。若風氣多，則多見

校注

【一】「念」，又淺墨楷書於文右。【二】「合」，又淺墨楷書於文右。【三】「炎」，《大正藏》誤作「災」。【四】「獲」，又淺墨楷書於文右。

【五】「滅」，《大正藏》誤作「減」。【六】「陰」，又淺墨楷書於文右。【七】「從」，又淺墨楷書於文右。【八】「都」，又淺墨楷書於文右。

【九】「流」，又淺墨楷書於文右。【一〇】「五」，又淺墨楷書於文右。

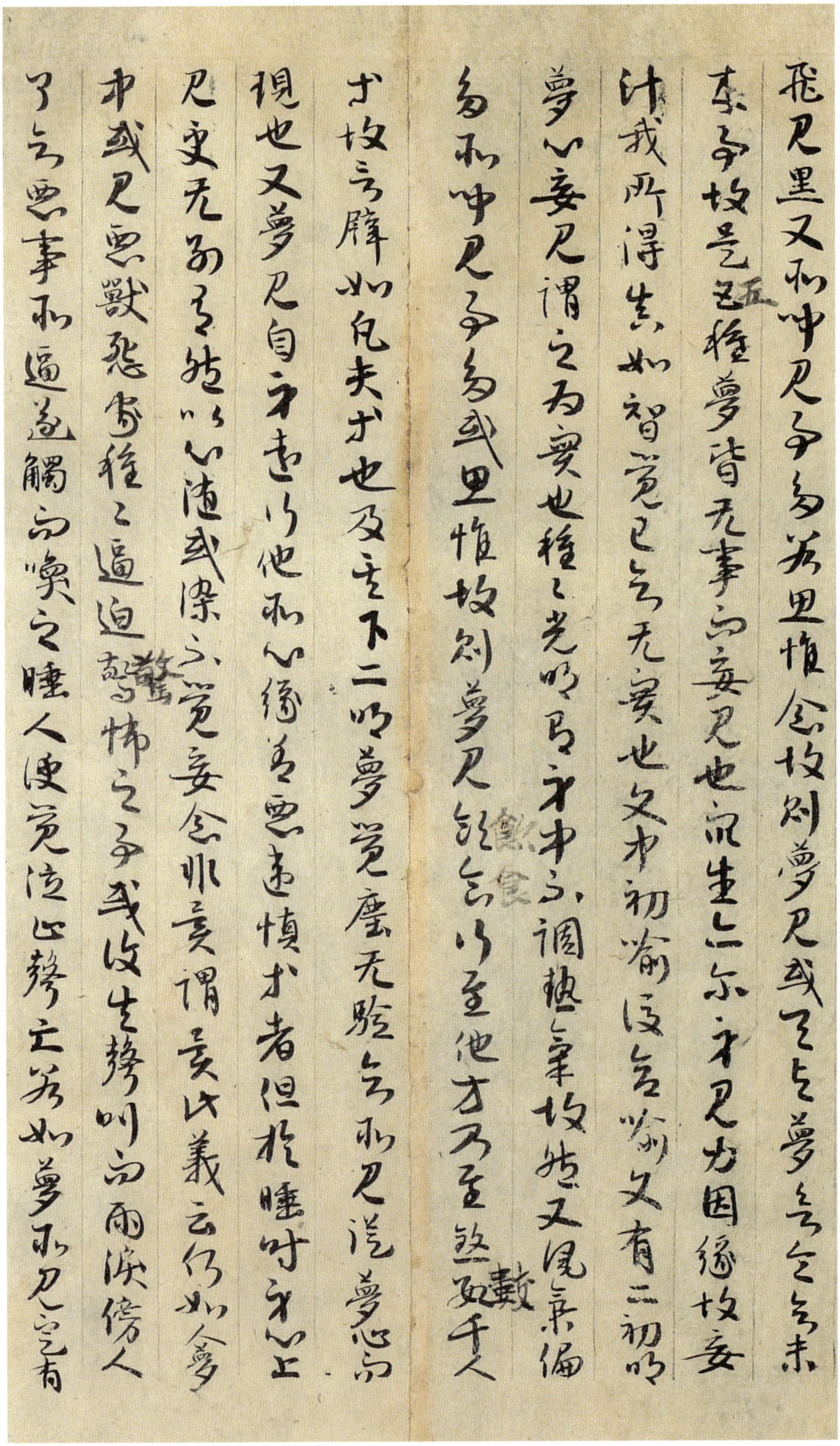

三四

飛、見黑。又，所聞見事多，若思惟念故，則夢見。或天与夢，欲令知未

二五 來事故。是五[一]種夢，皆无事而妄見也。衆生亦尒。」身見力因緣故，妄

二六 計我所淂。真如智覺，已知无實也。文中，初，喻。後，合喻。文有二。初，
明

二七 夢心妄見，謂之爲實也。種種光明，即身中不調，熱氣故然，又風氣偏

二八 多，所聞[二]見事多，或思惟故，則夢見飲[三]食[四]，行至他方，乃至煞[五]數[六]千
人

二九 等，故言「譬如凡夫」等也。及其下，二，明夢覺塵无，驗知所見，從夢心而

三〇 現也。又，夢見自身遠行他所，心緣善悪違慎[七]等者，但於睡時，身心上

三一 見，更无别有。然以心随或染，不覺妄念，非異[八]謂異[九]。此義云何？如人夢

三二 中，或見悪獸、怨家種種逼迫驚[一〇]怖之事，或復失聲叫而雨淚。傍人

三三 了知悪事所逼，遂觸而喚之。睡人便覺，泣止聲亡。若如夢所見，定有

校注

【一】「五」，又淺墨楷書於文右。【二】「聞」，《大正藏》誤作「中」。【三】「飲」，又淺墨楷書於文右。【四】「食」，又淺墨楷書於文右。【五】「煞」，《大正藏》作「殺」，古通。後同。【六】「數」，又淺墨楷書於文右。【七】「慎」，此處通「順」。參見高亨《古字通假會典》，齊魯書社，一九八九，第一三八頁。《大正藏》作「順」。【八】「異」，《大正藏》誤作「實」。【九】「異」，《大正藏》誤作「實」。【一〇】「驚」，又淺墨楷書於文右。

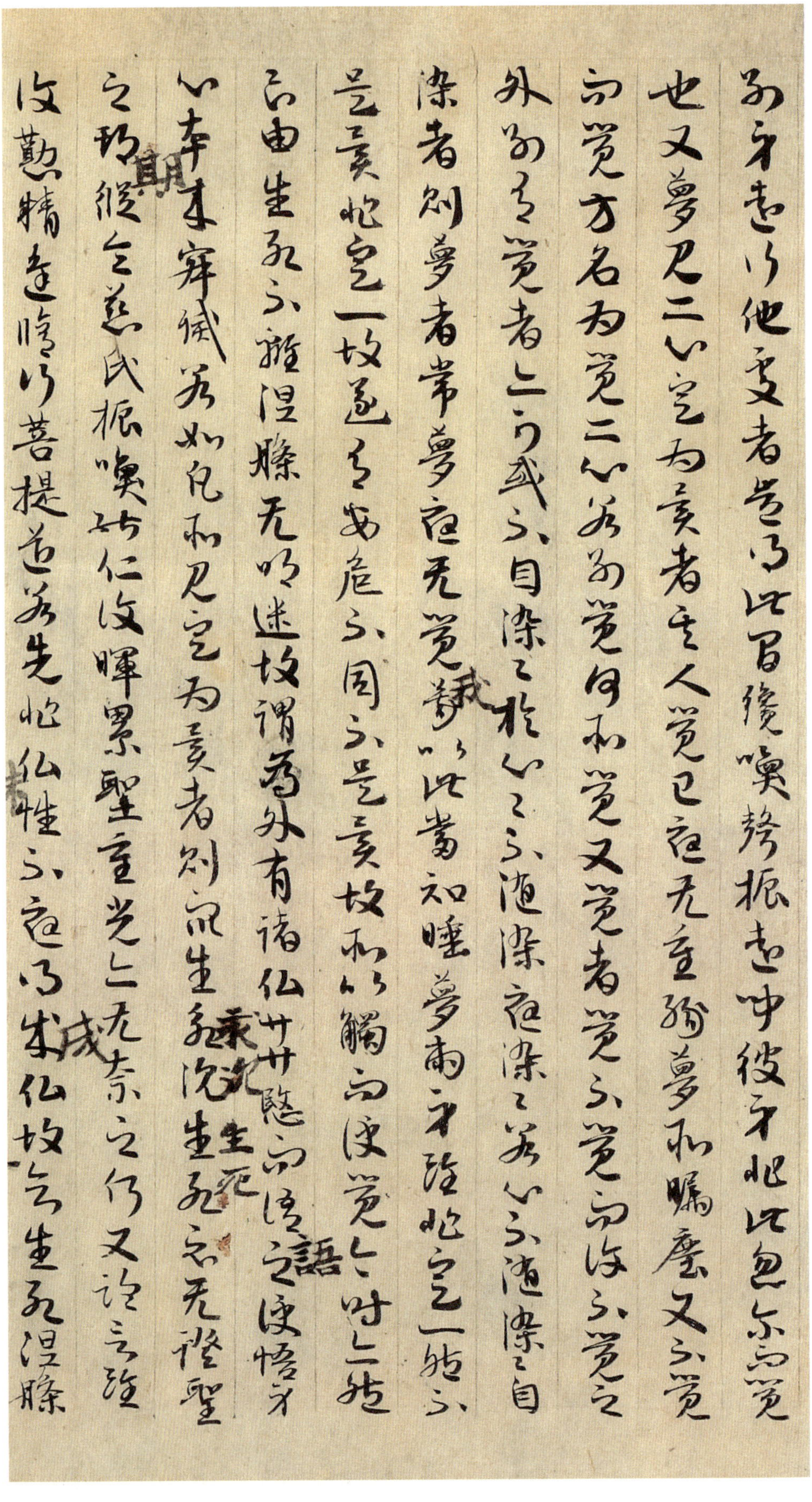

三四

別身。遠行他處者，豈得此間纔喚？聲振遠聞，彼身非此，忽尔而覺也。又，夢見二心，定爲異者。其人覺已，應无重緣，夢所矚塵。又，不覺而覺，方名爲覺。二心若別，覺何所覺？又，覺者覺不覺，而復不覺之外，別有覺者，亦可。或不自染，染於心，心不隨染，應染染。若心不隨染，染自染者，則夢者常夢，應无覺我[一]。以此當知，睡夢兩身，雖非定一，然不是異。非定一故，遂有安危不同。不是異故，所以觸而便覺。今時亦然。良由生死，不離涅槃。无明迷故，謂為外有。諸仏菩薩，愍而語[二]之，便悟身心本來寂滅。若如凡所見，定爲異者，則衆生永沉生死[三]，衣[四]无證聖之期[五]。縱令慈氏振喚，能仁復暉，累聖重光，亦无奈之何。又，《論》言：「雖復懃精進，脩行菩提道，若先非仏性，不應得成[六]仏。」故知生死、涅槃，

校注

【一】「我」，又淺墨楷書於文右。【二】「語」，又淺墨楷書於文右。【三】「永沉生死」，又淺墨楷書於文右。【四】「衣」，《大正藏》誤作「竟」。【五】「期」，又淺墨楷書於文右。【六】「成」，又淺墨楷書於文右。

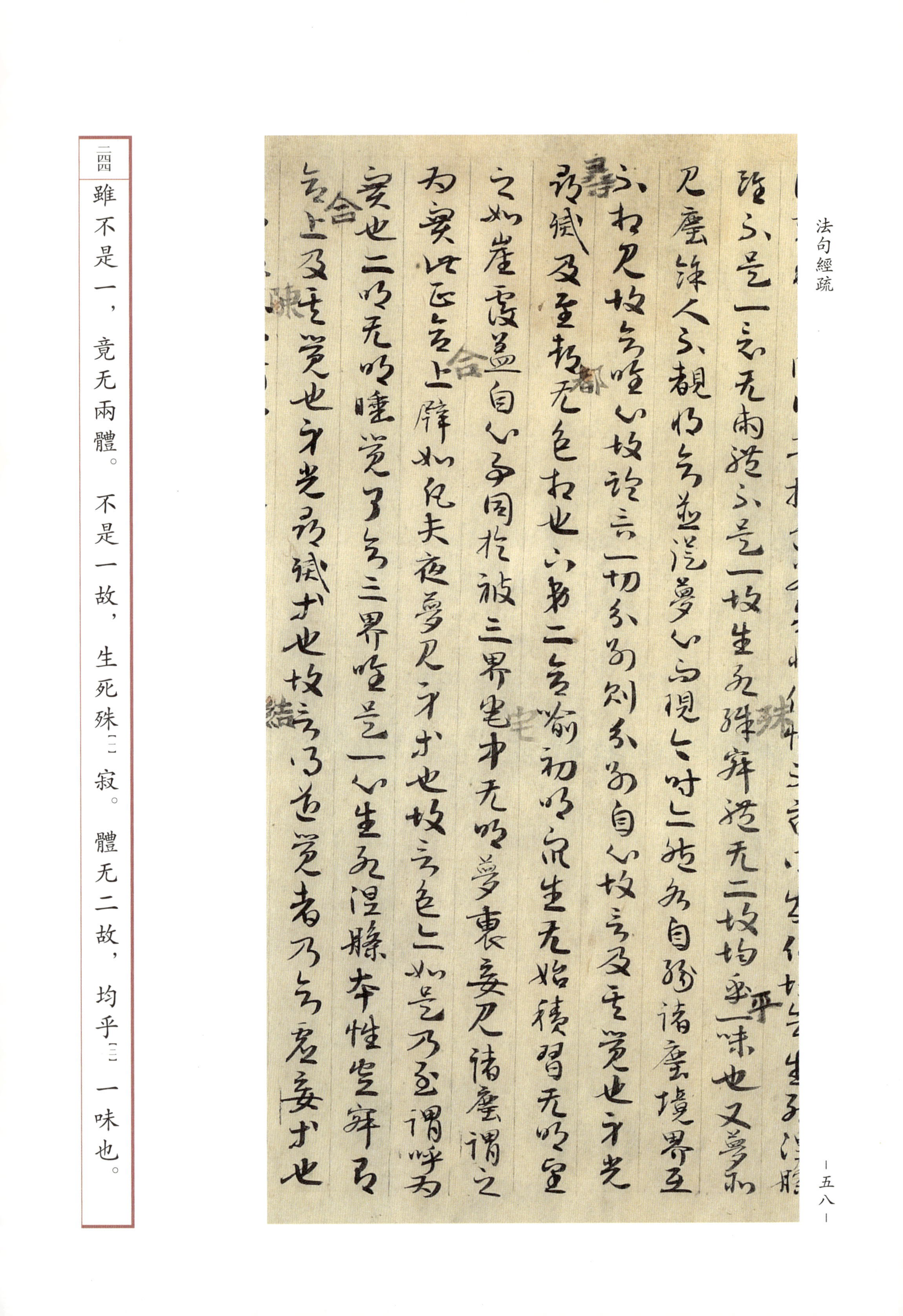

二四

雖不是一，竟无兩體。不是一故，生死殊[二]寂。體无二故，均乎[三]一味也。

又，夢所
二四五 見塵，餘人不覩，將知並從夢心而現。今時亦然。各自緣諸塵境界，互
二四六 不相見，故知唯心。故《論》言：「一切分別，則分別自心。」故言「及其覺
也，身光
二四七 尋[三]滅」，及至「都[四]无色相」也。下，弟二，合喻。初，明衆生无始，積習
无明，望
二四八 之如崖，覆蓋自心。事同於被[五]三界宅[六]中，无明夢裏，妄見諸塵，謂之
二四九 爲實。此正合[七]上「譬如凡夫，夜夢見身」等也。故言「色亦如是」，乃至
「謂呼爲
二五〇 實」也。二，明无明睡覺，了知三界，唯是一心。生死、涅槃，本性空寂。即
二五一 合[八]上「及其覺也，身光尋滅」等也。故言「得道覺者，乃知虛妄」等也。

校注

【一】「殊」，又淺墨楷書於文右。【二】「乎」，又淺墨楷書於文右。《大正藏》誤作「平」。【三】「尋」，又淺墨楷書於文右。【四】「都」，又淺墨楷書於文右。《大正藏》誤作「尋」。【五】「被」，《大正藏》誤作「彼」。【六】「宅」，又淺墨楷書於文右。【七】「合」，又淺墨楷書於文右。【八】「合」，又淺墨楷書於文右。

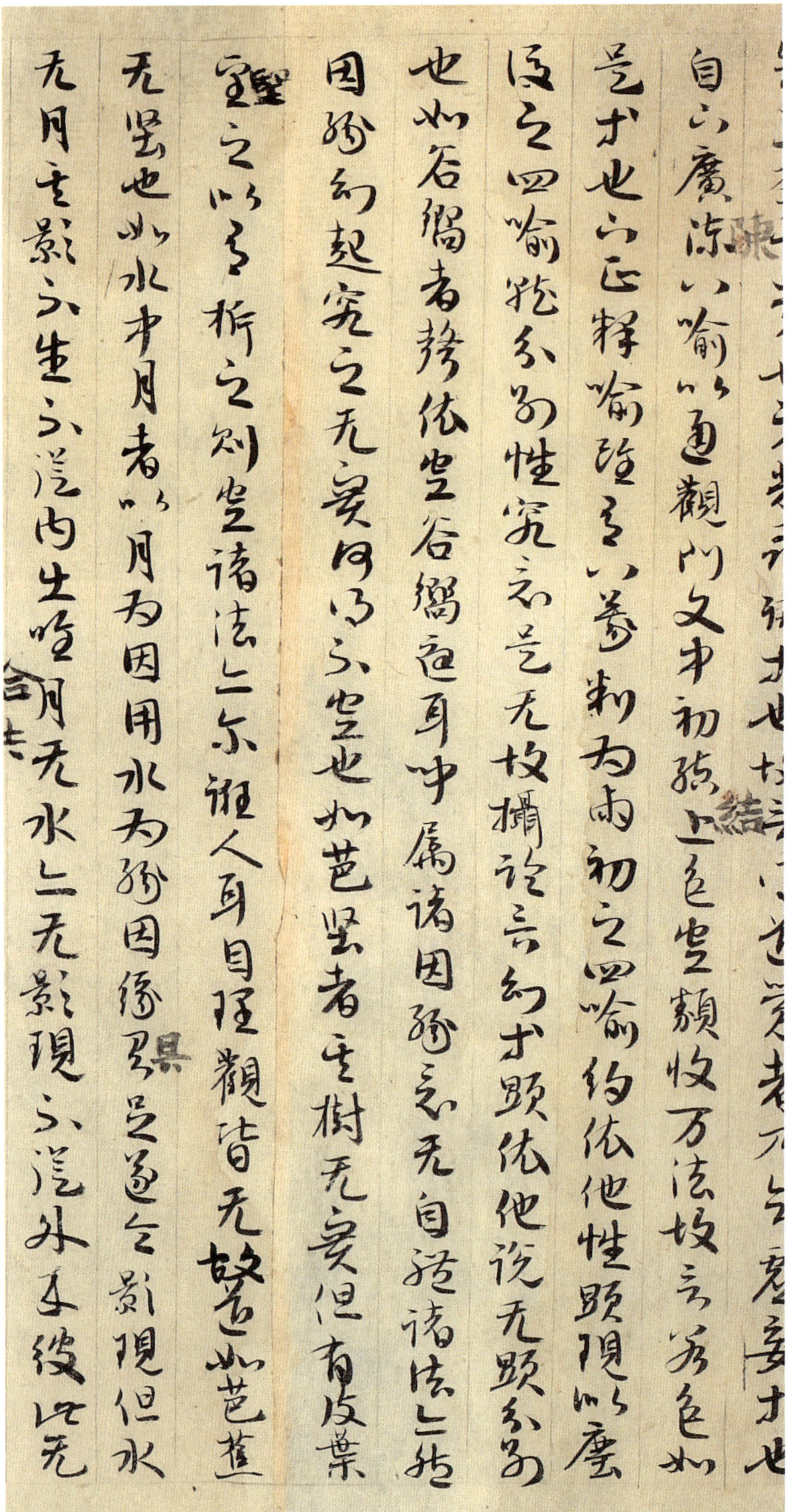

〔三二〕自下，廣陳〔二〕八喻，以通觀門。文中，初，結〔三〕上色空，類收万法。故言「若色，如

二五三 是」等也。下，正釋。喻雖有八，義判爲兩。初之四喻，約依他性，顯現似[三]塵。

二五四 後之四喻，就分別性，究竟是无。故《攝論》言「幻等顯依他，説无顯分別」

二五五 也。「如谷嚮」[四]者，聲依空谷，嚮應耳聞，屬諸因緣，竟无自體。諸法亦然。

二五六 因緣幻起，究之无實，何得不空也！「如芭堅」[五]者，其樹无實，但有皮葉，

二五七 望[六]之似有，扸[七]之則空。諸法亦尒。誑人耳目，理觀皆无。故道「如芭蕉

二五八 无堅」也。「如水中月」者，以月爲因，用水爲緣，因緣具[八]足，遂令影現。但水

二五九 无月，其影不生，不從内出。唯月无水，亦无影現，不從外來。彼此无

校注

【一】「陳」，又淺墨楷書於文右。【二】「結」，又淺墨楷書於文右。【三】「似」，《大正藏》誤作「以」。【四】「如谷嚮」，《法句經》作「如空谷嚮」。【五】「如芭堅」，《法句經》作「如芭蕉堅」。【六】「望」，文右書一字，字迹模糊，似亦爲「望」。【七】「扸」，《大正藏》誤作「析」。【八】「具」，又淺墨楷書於文右。

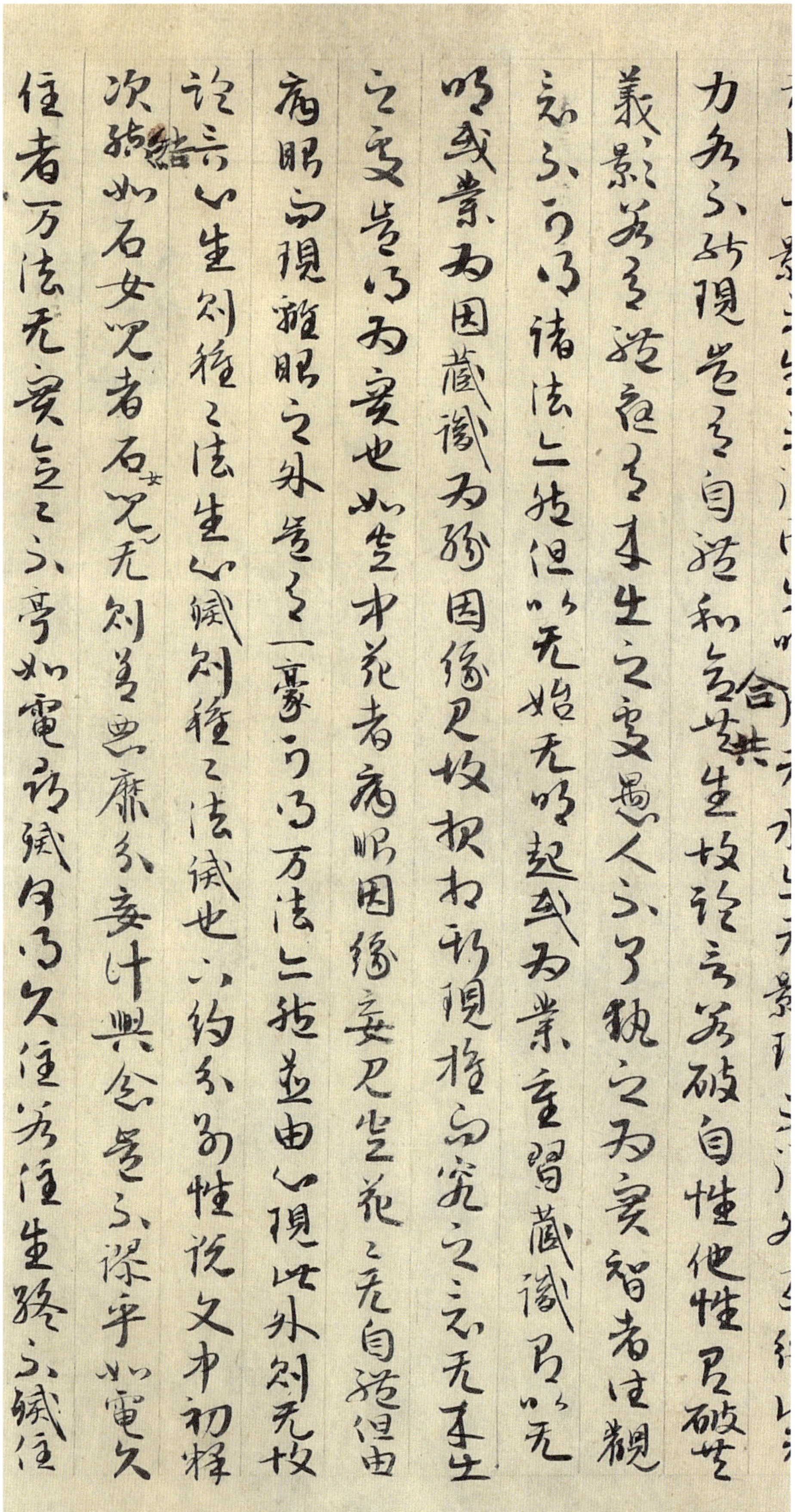
力各不能現豈有自體和合共生故論言若破自性他性即破共
義影若是體應是本生之處愚人不了執之為實智者諦觀
知不可得諸法亦然但以無始無明起惑為業熏習藏識即以無
明惑業為因藏識為緣因緣具故執相所現推而究之亦無本生
之處豈得為實也如空中花者病眼因緣妄見空花之處自體但由
病眼所現離眼之外竟無一毫可得萬法亦然並由心現此外別無故
論云心生則種種法生心滅則種種法滅也亦約分別性說文中初釋
次結如石女兒者石女兒無別兒無應妄計與念豈不深乎如電久
住者萬法無實念念不停如電識同可久住若住生路不識住

二六〇 力，各不能現，豈有自體？和合共[二]生。故《論》言：「若破自性、他性，即

破共

二六一 義。」影若有體，應有來出之處。愚人不了，執之爲實。智者往觀，

二六二 竟不可得。諸法亦然。但以无始、无明，起或爲業，重[二]習藏識。即以无

二六三 明或業爲因，藏識爲緣。因緣見故，報相斯現。推而究之，竟无來出

二六四 之處，豈得爲實也！「如空中花」[三]者，病眼因緣，妄見空花。花无自體，但

由

二六五 病眼而現。離眼之外，豈有一豪[四]可得？万法亦然，並由心現，此外則无。故

二六六 《論》言「心生，則種種法生。心滅，則種種法滅」也。下，約分別性說。文

中，初，釋。

二六七 次，結[五]。「如石女兒」者，石女[六]无兒[七]，則善惡靡分。妄計興念，豈不謬

乎！「如電久

二六八 住」者，万法无實，念念不亭，如電尋滅，何得久住？若住生，終不滅。住

校注

【一】「合共」，又濃墨楷書於文右。【二】「重」，《大正藏》誤作「熏」。【三】「如空中花」，《法句經》作「如空中華」。【四】「豪」，此處通「毫」。《大正藏》作「毫」。【五】「結」，又淺墨楷書於文右。【六】「女」，淺墨楷書補於文右。【七】「无兒」，原作「兒无」，有倒乙符。

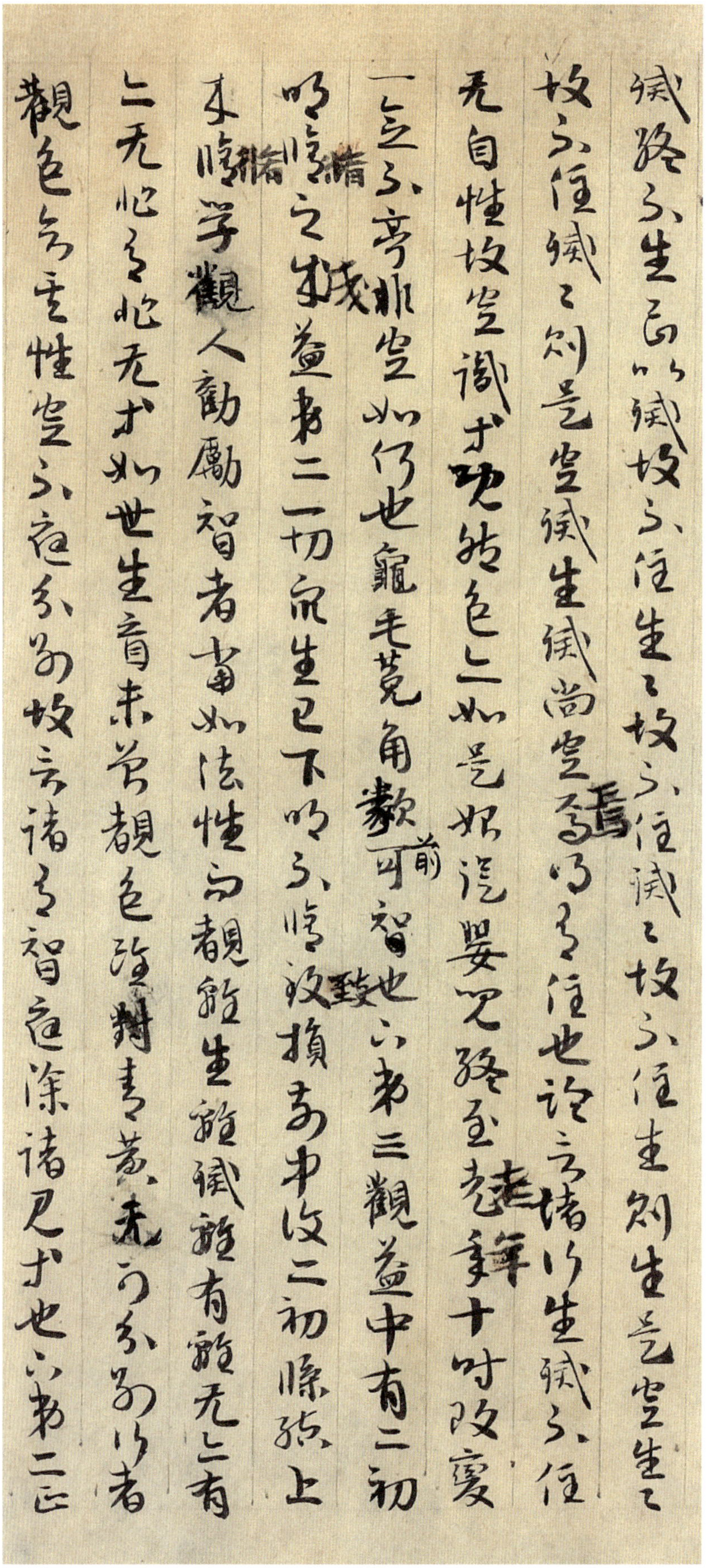

二六九 滅，終不生。良以滅故，不住生。生故，不住滅。滅故，不住生，則生是空
生。生
二七〇 故，不住滅，滅則是空滅。生滅尚空，焉[二]得有住也！《論》言：「諸行生滅

不住，

二七一 无自性故空。」識等既然，色亦如是。始從嬰兒，終至老年[二]。十時改變，

二七二 一念不亭，非空如何[三]也！「龜毛[四]菟角」[五]，類前[六]可知[七]也。下，弟三，

觀益。中有二。初，

二七三 明脩[八]之成[九]益。弟二，「一切衆生」已下，明不脩致[一〇]損。前中復二。初，

牒結。上

二七四 來脩[一一]學，觀人勸勵。智者當如法性而覩[一二]，離生、離滅，離有、離无，亦

有、

二七五 亦无，非有、非无等。如世生盲，未曾覩色，雖對青黃，无可分別。行者

二七六 觀色，知其性空，不應分別。故言「諸有智應除諸見」等也。下，弟二，正

校注

【一】「焉」，又濃墨楷書於文右。【二】「老年」，又濃墨楷書於文右。【三】「何」，《大正藏》誤作「幻」。【四】「毛」，《大正藏》誤作「老」。【五】「龜毛菟角」，《法句經》作「如水龜毛，如走兔角」。【六】「前」，楷書補於文右。《大正藏》無。【七】「知」，初寫作「智」，後塗改爲「知」。【八】「脩」，又淺墨楷書於文右。【九】「成」，又淺墨楷書於文右。【一〇】「致」，又淺墨楷書於文右。【一一】「脩」，又淺墨楷書於文右。【一二】「覩」，《大正藏》誤作「觀」。

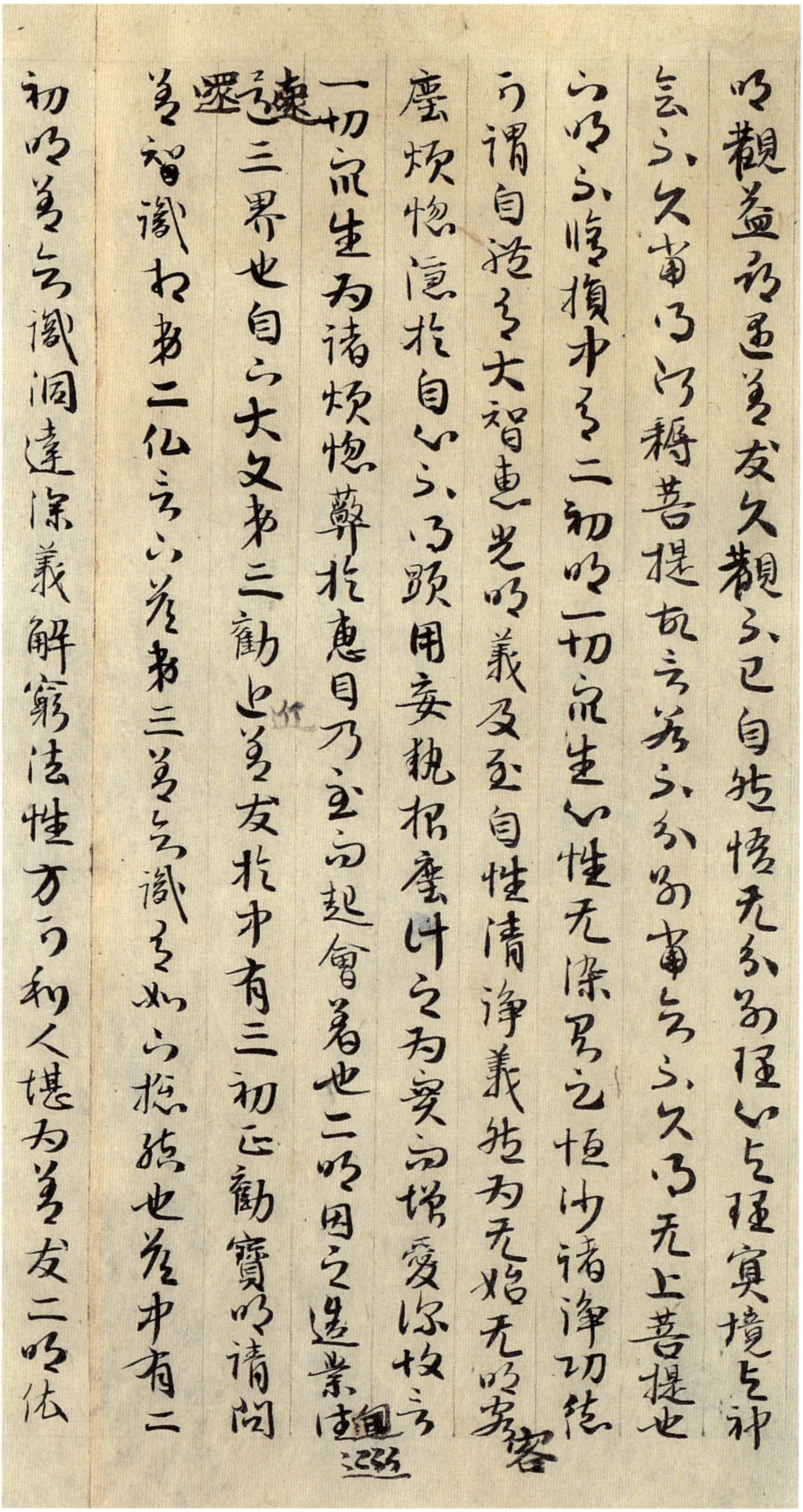

二七七 明觀益。尋遇善友，久觀不已，自然悟无分別理。心与理宾，境与神

二七八 會，不久當得阿耨菩提。故言「若不分別，當知不久得无上菩提」也。

二七九 下，明不偹損。中有二。初，明一切衆生，心性无染，具足恒沙諸淨[一]功德，
二八〇 可謂自體有大智恵[二]光明義，及[三]至自性清淨義。然，爲无始、无明客[四]
二八一 塵煩惱隱於自心，不得顯用，妄執根塵，計之爲實，而增愛深。故言
二八二 「一切衆生，爲諸煩惱蔽於恵[五]目」，乃至「而[六]起貪[七]著」也。二，明因之
造業，往[八]
二八三 還[九]三界也。自下，大文弟三，勸近[一〇]善友。於中有三。初，正勸，寶明請問
二八四 善智識相。弟二，「仏言」下，答。弟三，善知識。有如下捻結也。答中有
二。
二八五 初，明善知識，洞達深義，解窮法性，方可利人，堪爲善友。二，明依

校注

【一】「淨」，《大正藏》誤作「論」。【二】「恵」，古同「惠」，此處通「慧」。《大正藏》作「慧」。【三】「及」，《大正藏》誤作「乃」。【四】「客」，又淺墨楷書於文下。【五】「恵」，《大正藏》作「惠」。《法句經》作「慧」。【六】「而」，《大正藏》《法句經》均誤作「如」。【七】「會」，有誤。更作「貪」。《大正藏》《法句經》均作「貪」。【八】「往」，文右書一「迴」字，其下又書一「巡」字。《大正藏》誤作「隨」。【九】「還」，又淺墨楷書於文右及文左。【一〇】「近」，又淺墨楷書於文右。

解起行随缘益物正彰善友功能亦可自明善友自利德後明利他
德也就中復二初果智論境直談法性理深者二从達已下果境
論智正明善友功力就中初總次別總者法性理玄唯佛乃窮諸
餘小聖未測更原名為深法也自下別明即是三空門也智論云觀
諸法皆名為空於空中不可取相是時空轉名無相無相中不應
有所作是時無相轉名無作以是三門觀世間即是涅槃何以故
涅槃空無相無作世間亦如是復問曰如經說涅槃一門今何以說三
答曰法雖是一而義有三為應度者有三故說三門有愛多者
見多者愛見等者見多者為說空解脫門觀一切法從因緣生
無有自性無自性故空空故諸見滅愛多者為說無作解脫門見

二八六　解起行，随缘[二]益物，正彰善友功能，亦可自明善友自利德，後明利他

二八七 德也。前中復二。初，舉智論境，直談法性理深。弟二，「了達」已下，舉境

二八八 論智，正明善友功力。前中，初，捴。次，别捴者。法性理玄，唯仏乃窮。諸

二八九 餘小[二]聖，未測其原，名爲「深法」也。自下别明，即是三空門也。《智論》

言：「觀

二九〇 諸法[三]空，名爲『空』。於空中，不可取相。是時空轉名『无相』。无相中，

不應

二九一 有所作。是時无相轉名『无作』。」以是三門觀世間，即是涅槃。何以故？

二九二 涅槃空，无相，无作。世間亦如是。彼問曰：「如《經》説涅槃一門，今何以

説三？」

二九三 答曰：「法雖是一，而義有三。有[四]爲應度者有三，故説三門。」有愛多者、

二九四 見多者、愛見等者。見多者，爲説空解脱門。觀一切法，從因緣生，

二九五 无有自性。无自性故，空。空故，諸見滅。愛多者，爲説无作解脱門。見

校注

【一】「隨緣」，原作「緣隨」，有倒乙符。【二】「小」，《大正藏》誤作「不」。【三】「諸法」，原作「法諸」，有倒乙符。【四】「有」，《大正藏》誤作「存」。

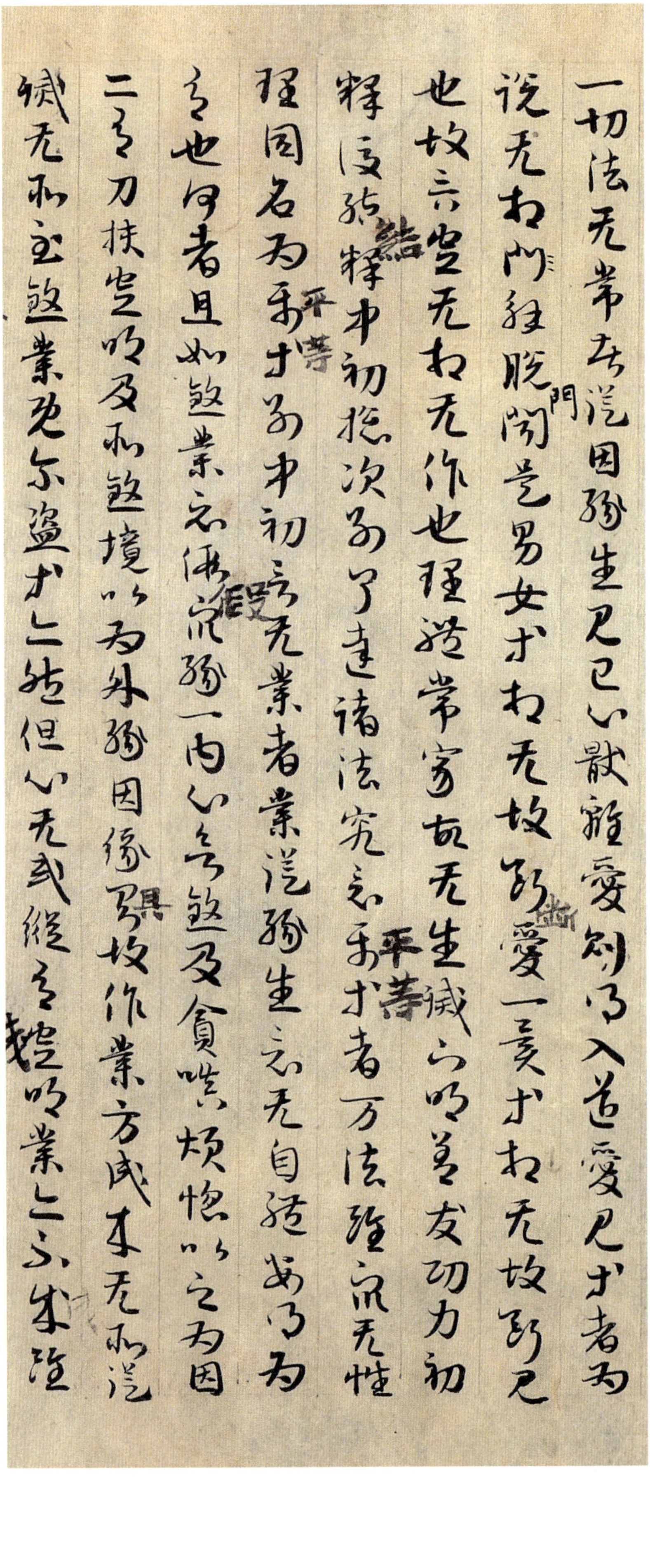

二九六 一切法无常，苦從因緣生。見已心猒離愛，則得入道。愛見等者，爲

二九七 説无相[一]解脱門[二]。聞是男女等相，无故斷[三]愛。一異等相，无故斷見

二九八 也。故言「空、无相、无作」也。理體常冢[四]，故无生滅。下，明善友功力。

初，

二九九 釋。後，結[五]。釋中，初，捴。次，別。「了達諸法究竟平等」[六]者，万法雖衆，无性

三〇〇 理同，名爲「平等[七]」。別中，初，言「无業」者，業從緣生，竟无自體，安得爲

三〇一 有也！何者？且如煞業，衣[八]假[九]衆緣。一，内心欲煞，及貪、嗔、煩惱，以之爲因。

三〇二 二，有刀扶[一〇]空明，及所煞境，以爲外緣。因緣具[一一]故，作業方成。來无所從，

三〇三 滅无所至。煞業既尔，盜等亦然。但心无或，縱有空明，業亦不成[一二]。雖

校注

【一】原文此處有衍文「門」，右有刪除符。【二】「門」，楷書補於文右。【三】「斷」，又將「断」淺墨楷書於文右。【四】「家」，古同「寂」。【五】「結」，又淺墨楷書於文右。【六】「了達諸法究竟平等」，《法句經》作「了達諸法從本已來究竟平等」。「平等」，又將「平」、「荨」淺墨楷書於文右。【七】「平等」，又將「平等」淺墨楷書於文右。【八】「衣」，此處通「亦」。《大正藏》誤作「竟」。【九】「假」，又淺墨楷書於文右。【一〇】「扶」，似有誤。或應作「杖」。參見第三〇四行之「刀杖」。《大正藏》難辨。中華電子佛典協會資料庫（CBETA）訂正爲「杖」。【一一】「具」，又淺墨楷書於文右。【一二】「成」，又淺墨楷書於文右。

三〇四

有刀杖等具[二]，若離於心，及所起煩惱，業亦不成[三]。因緣无性，各不自

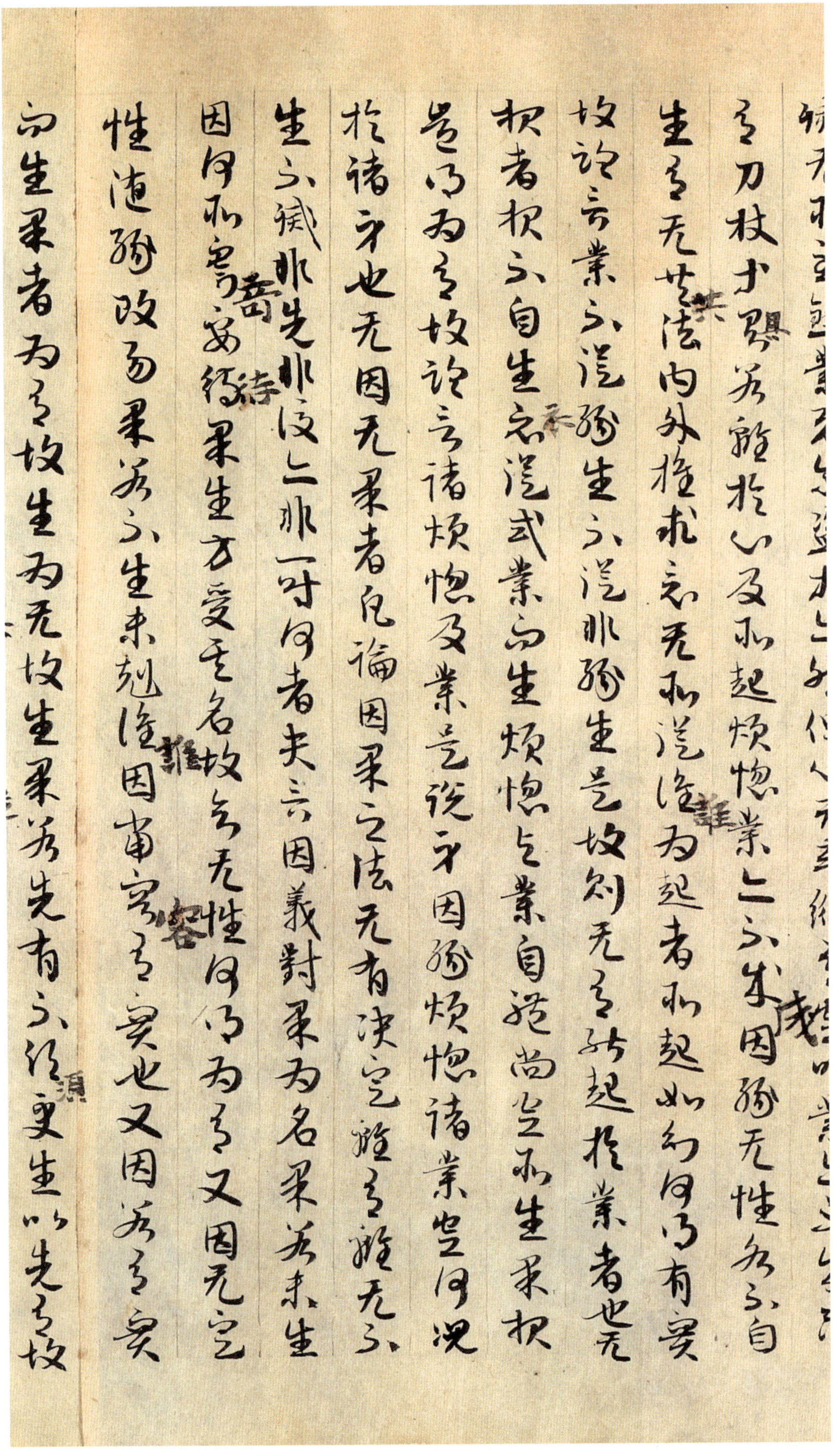

三〇五　生。有无共[三]法，内外推求，竟无所從。誰[四]爲起者？所起如幻，何得有實！

三〇六　故《論》言「業不從緣生，不從非緣生。是故則无有，能起於業者」也。「无

三〇七　報」者，報不自生，衣[五]從或業而生。煩惱与業，自體尚空，所生果報，

三〇八　豈得爲有！故《論》言「諸煩惱及業，是説身因緣。煩惱諸業空，何況

三〇九　於諸身」也。「无因、无果」者，凡論因果之法，无有決定。離有、離无，不

三一〇　生、不滅，非先、非後，亦非一時。何者？夫言「因義對果爲名」，果若未

生，

三一一　因何所寄[六]？要待[七]果生，方受其名。故知无性，何得爲有？又，因无定

三一二　性，隨緣改易[八]。果若不生，未剋誰[九]因？當容[一〇]有實也。又，因若有實，

三一三　而生果者，爲有故生？爲无故生？果若先有，不須[一一]更生，以先有故。

校注

【一】「具」，又淺墨楷書於文右。【二】「成」，又淺墨楷書於文右。【三】「共」，又淺墨楷書於文右。【四】「誰」，又淺墨楷書於文右。《大正藏》誤作「雖」。【五】「衣」，又淺墨楷書於文右。此處通「亦」。《大正藏》誤作「竟」。【六】「寄」，又淺墨楷書於文右。【七】「待」，又淺墨楷書於文右。【八】「易」，《大正藏》誤作「而」。【九】「誰」，又淺墨楷書於文右。【一〇】「容」，又淺墨楷書於文右。【一一】「須」，又淺墨楷書於文右。

三四

若其先无，何由可生？先無[一]性故。假[二]令半有半无，而復相違，亦无

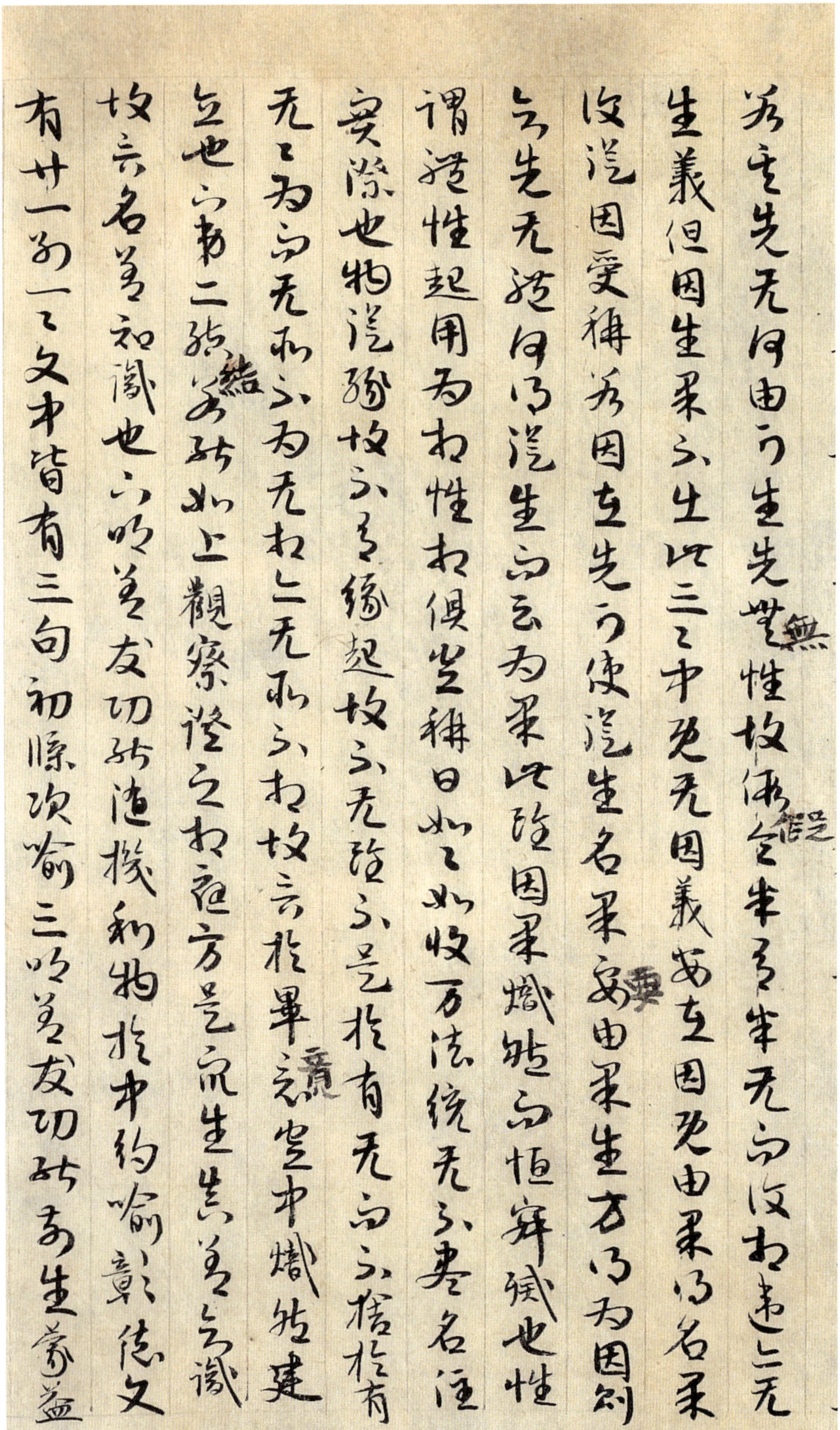
若其先无何由可生先無性故假令半有半无而復相違亦无
生義但因生果亦生此三之中既无因義安立因既由果乃名果
假說因受稱若因立先有使說生名果果安由果生方乃為因故
云先无說何乃說生亦云為果此諸因果識能亦恒寂滅也性
謂說性起用為相性相俱空稱曰如之如收萬法統无不盡名性
實際也物說離故亦云緣起故亦无諸亦是非有无亦亦皆非有
无之為亦无非亦為无相亡无非亦相故云非畢竟空中識能建
立也亦有二號其能如上觀察證之相應方是究生焉為云識
故云名爲知識也亦明爲友切能隨機利物非中約喻彰德文
有廿一句一之文中皆有三句初標次喻三明爲友切能爲生蒙益

一二五　生義。但因生果，不出此三。三中既无，因義安[三]在？因既由果得名，果
一二六　復從因受稱。若因在先，可使從生名果。要[四]由果生，方得爲因，則
一二七　知先无體。何得[五]從生而云爲果？此雖因果，熾然而恒寂滅也。「性」
一二八　謂體性，起用爲「相」。性相俱空，稱曰「如如」。如收万法，統无不盡，名
住[六]
一二九　實際也。物從緣故，不有。緣起故，不无。雖不，是於有无，而不捨，於有
一三〇　无，无爲，而无所不爲，无相，亦无所不相。故言「於畢竟[七]空中，熾然建
一三一　立」也。下，弟二，結[八]。若能如上觀察，證之相應，方是衆生真善知識。
一三二　故言「名善知識」也。下，明善友功能，隨機利物。於中約喻彰德。文
一三三　有廿[九]一別[一〇]。一一文中，皆有三句。初，牒。次，喻。三，明善友功能，前
生蒙益

校注

【一】「無」，又淺墨楷書於文右。【二】「假」，又淺墨楷書於文右。【三】「安」，《大正藏》誤作「要」。【四】「要」，又淺墨楷書於文右。

【五】「得」，《大正藏》誤作「故」。【六】「住」，《大正藏》誤作「往」。【七】「竟」，又淺墨楷書於文右。【八】「結」，又淺墨楷書於文右。

【九】「卄」，古同「廿」。《大正藏》誤作「十二」。【一〇】「別」，《大正藏》誤作「則」。

也初云父母者弟之喻也此中借淺況深故以父母為譬若校量
功力二末方云大恩世間父母養子但能以尺危脆之身容勉
水火等難又佛之攝恩諸天因極況生世界友善育養衆生三仏菩
提金剛之體志雖生死長劫等苦无以求報世何者一切衆生身
心万法皆由藏識而生識不自生皆由惑業熏習此二相依而生
果報之從發起无不自體從本已來不生不滅乃是性淨菩提
故起信論云所言法法自性不生則无有滅本來涅槃故上經又
云於三界中无有實法即為縛縛脫脫者乃菩提也始從凡夫上
至諸仏皆以之為體无始已來无所不了妄執我法流轉生死不來
无始諸仏菩薩證之究竟了知衆生久已同體照而不已發大悲

三二四 也。初，云「父母」者。弟二，喻也。此中借淺况深，故以父母爲譬。若校量

三二五 功力，亦未方其大恩。世間父母養子，但成[一]八尺危脆之身，容勉

三二六 水、火等難，又怖之報恩，浩天罔極。况出世善友養育，終成[二]三仏菩

三二七 提金對之體，遠離生死、長刧等苦[三]，无心求報[四]也。何者？一切衆生，身

三二八 心万法，皆由藏識而生。識不自生，復由或[五]業熏[六]習。此二相依，幻生

三二九 果報。報從緣起，无有自體。從本已來，不生、不滅，即是性浄菩提。

三三〇 故《起信論》言：「明五[七]陰法，自性不生，則无有滅，本來涅槃故。」上

《經》又

三三一 言：「於三處中，无有實法，即爲解脱。解脱者，即菩提也。」始從凡夫，上

三三二 至諸仏，皆以之爲體。无始已來，无明不了。妄執我，流[八]轉[九]生死，尓來

三三三 无始。諸仏菩薩證之究竟，了知衆生与己同體，愍而不已，發大慈

校注

【一】「成」，又淺墨楷書於文右。【二】「成」，又淺墨楷書於文右。【三】「苦」，又淺墨楷書於文右。【四】「報」，又淺墨楷書於文右。

【五】「或」，《大正藏》作「惑」。【六】「熏」，《大正藏》誤作「重」。【七】「五」，又淺墨楷書於文右。【八】「流」，又淺墨楷書於文右。

《大正藏》誤作「法」。【九】「轉」，又淺墨楷書於文右。

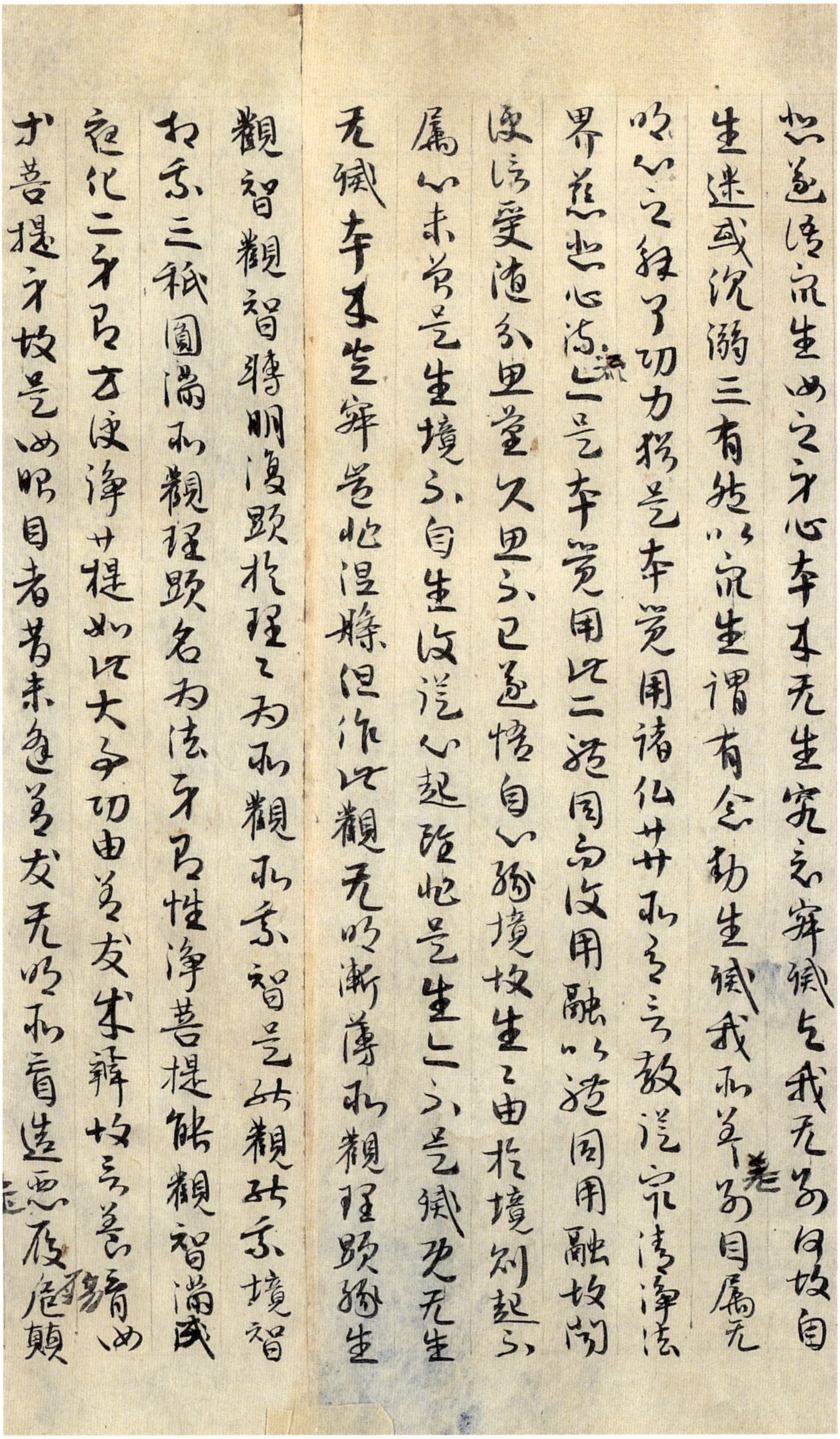
然遂隨流生死之中心本來无生究竟寂滅与我无别何故自
生迷惑沉溺三有能以流生謂有念動生滅我不異別自屬无
明心之法了切力能是本覺用諸仏菩薩不異之故從流清淨法
界慈悲心流一是本覺用此二能同而後用融以能同用融故開
彼流受隨分思量久思之已遂悟自心獨境故生之由於境別起之
屬心未覺是生境之自生後從心起隨此是生上之是滅見无生
无滅本來皆寂是此涅槃但作此觀无明漸薄不觀理顯獨生
觀智觀智轉明復顯於理之爲不觀不系智是能觀能系境智
相系三祇圓滿不觀理顯名爲法身自性淨菩提能觀智滿成
應化二身自受淨菩提如此大身切由善友求辯故云善
於菩提有故是此明目者昔未逢善友无明不覺造惡處危顛

三四 悲，遂語衆生：「汝之身心，本來无生，究竟寂滅，与我无别。何故自

三三五 生迷或[一]，沉溺三有？」然，以衆生謂有，念動生滅，我所差[二]别，目屬无
三三六 明心之解了功力，猶是本覺。用諸仏菩薩所有言教，從冣[三]清浄法
三三七 界慈悲心流[四]，亦是本覺。用此二體同，而復用融。以體同用融故，聞
三三八 便信受。随分思量，久思不已，遂悟自心，緣境故生。生由於境，則起不
三三九 屬心，未曾是生。境不自生，復從心起，雖非是生，亦不是滅。既无生、
三四〇 无滅，本來空寂，豈非涅槃？但作此[五]觀，无明漸薄。所觀理顯，緣生
三四一 觀智。觀智轉明，復顯於理。理爲所觀、所乘，智是能觀、能乘。境智
三四二 相乘，三秖[六]圓滿。所觀理顯，名爲法身，即性浄菩提。能觀智滿，成
三四三 應化二身，即方便浄菩提。如此大事，功由善友辯成[七]。故言「養育汝
三四四 等菩提身故」。「是汝眼目」[八]者，昔未逢善友，无明所盲，造悪履[九]危，
顚[一〇]

校注

【一】「或」，《大正藏》作「惑」。【二】「差」，又將「著」淺墨楷書於文右。【三】「冣」，古同「最」。【四】「流」，又淺墨楷書於文右。【五】「此」，《大正藏》誤作「比」。【六】「秖」，此處同「祇」。《大正藏》作「祇」。【七】「辯成」，原作「成辯」，有倒乙符。《大正藏》誤作「成辨」。【八】「是汝眼目」，《法句經》作「善知識者是汝眼因」。【九】「履」，文右下淺墨楷書誤釋爲「殤」。【一〇】「顚」，古同「顛」。

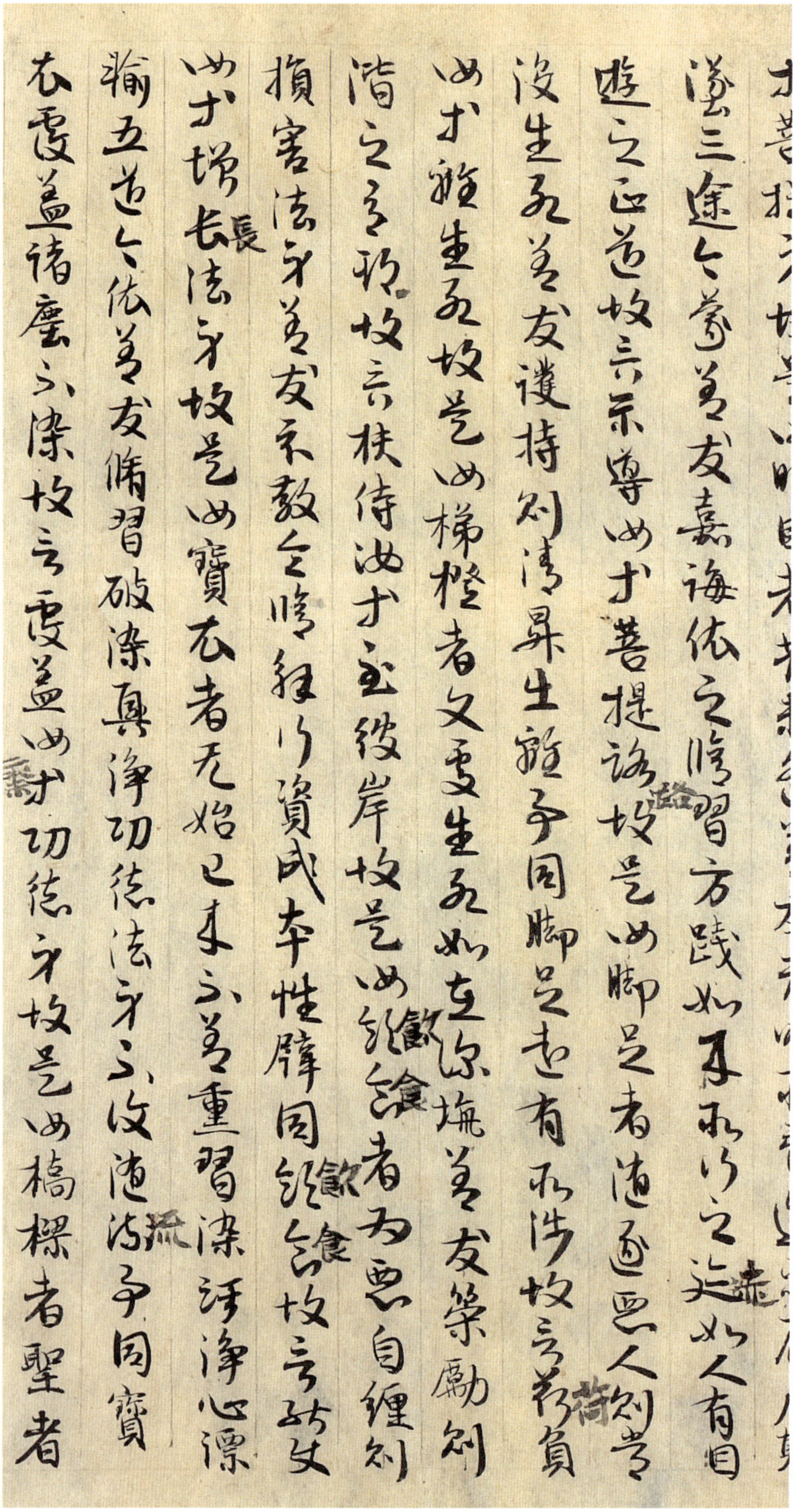

三四五 墜三途。今蒙善友嘉誨，依之脩習，方踐如來所行之迹[二]。如人有目，

三四六 遊之正道。故言「示導汝等菩提路[二]故」。「是汝脚足」者，隨逐惡人，則常
三四七 没生死。善友護持，則清[三]昇出離。事同脚足，遠有所涉。故言「荷[四]負
三四八 汝等離生死故」。「是汝梯橙[五]」者，又[六]處生死，如在深坑。善友筞[七]勵，
則
三四九 階之有期。故言「扶侍[八]汝等至彼岸故」。「是汝飲食[九]」者，爲惡自纏，則
三五〇 損害法身。善友示教，令脩解行，資成本性，譬同飲食[一〇]。故言「能使
三五一 汝等增長[一一]法身故」。「是汝寶衣」者，无始已來，不善熏習，染汙[一二]淨心，
漂
三五二 輸五道。今依善友脩習，破染興淨，功德法身，不復[一三]隨流[一四]。事同寶
三五三 衣覆蓋，諸塵不染。故言「覆蓋汝等功德身故」。「是汝橋樑」者，聖者

校注

【一】「迹」，又淺墨楷書於文右。【二】「路」，又淺墨楷書於文右。【三】「清」，《大正藏》誤作「請」。【四】「荷」，又淺墨楷書於文右。【五】「橙」，此處同「凳」。【六】「又」，原作「文」，誤。依文義改。《大正藏》作「又」。【七】「筞」，古同「策」。【八】「侍」，《大正藏》誤作「恃」。【九】「飲食」，又淺墨楷書於文右。【一〇】「飲食」，又淺墨楷書於文右。【一一】「長」，又淺墨楷書於文右。【一二】「汙」，原文或爲「汚」，古同「污」。【一三】「復」，《大正藏》誤作「改」。【一四】「流」，又淺墨楷書於文右。

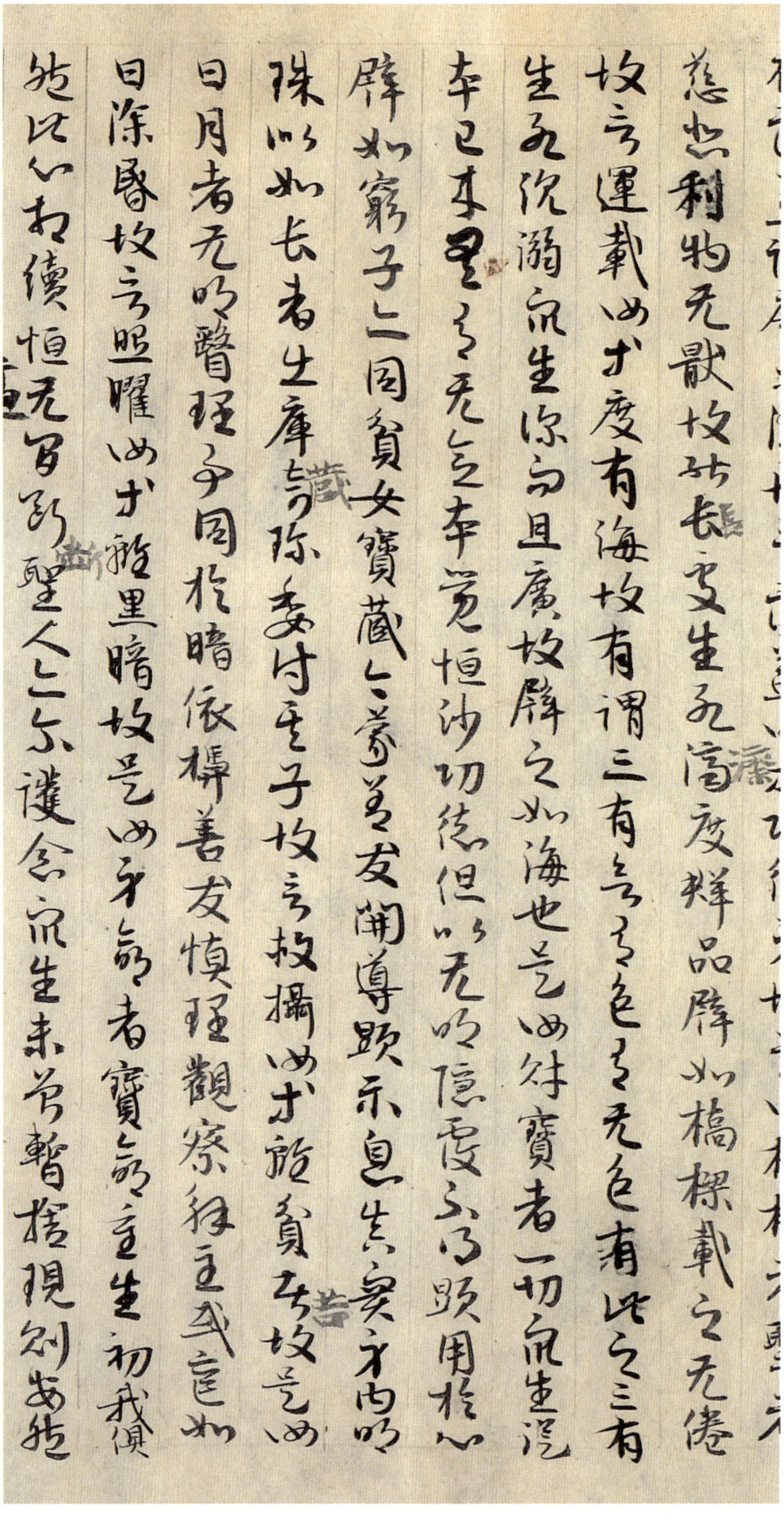

三四

慈悲，利物无猒，故能長[一]處生死，濟[二]度群品。譬如橋樑，載之无倦。

三五五 故言「運載汝等度有海故」。有，謂三有：欲有，色有，无色有。此之三有，
三五六 生死沉溺衆生，深而且廣，故譬之如海也。「是汝財寶」者，一切衆生，從
三五七 本已來，具有无念〔三〕本覺、恒沙功德。但以无明隱覆，不得顯用於心。
三五八 譬如窮子、亦同貧女寶藏。今蒙善友開導顯示，息〔四〕真實身内明
三五九 珠，似如長者出庫藏〔五〕奇珎，委付其子。故言「救攝汝等離貧苦〔六〕故」。〔七〕
「是汝
三六〇 日月」者，无明翳〔八〕理，事同於暗。依搢〔九〕善友，慎〔一〇〕理觀察，解至〔一一〕或〔一二〕
喪，如
三六一 日除昏。故言「照曜汝等離黑暗故」。「是汝身命」者，寶命重生，初我俱
三六二 然，此心相續，恒无間斷〔一三〕。聖人亦尔。護念衆生，未曾暫捨。現則安然

校注

【一】「長」，又淺墨楷書於文右。【二】「濟」，又淺墨楷書於文右。【三】「念」，《大正藏》誤作「量」。【四】「息」，《大正藏》誤作「見」。【五】「藏」，淺墨楷書補於文右。【六】「苦」，又淺墨楷書於文右。【七】「救攝汝等離貧苦故」，《法句經》作「救攝汝等雖貧苦故」。「雖」，有誤，應爲「離」。【八】「瞖」，古同「翳」。【九】「搢」，同「凴」，「憑」之俗字。【一〇】「慎」，此處通「順」。《大正藏》作「順」。【一一】「至」，《大正藏》誤作「生」。【一二】「或」，《大正藏》作「惑」。【一三】「斷」，又將「断」淺墨楷書於文右。

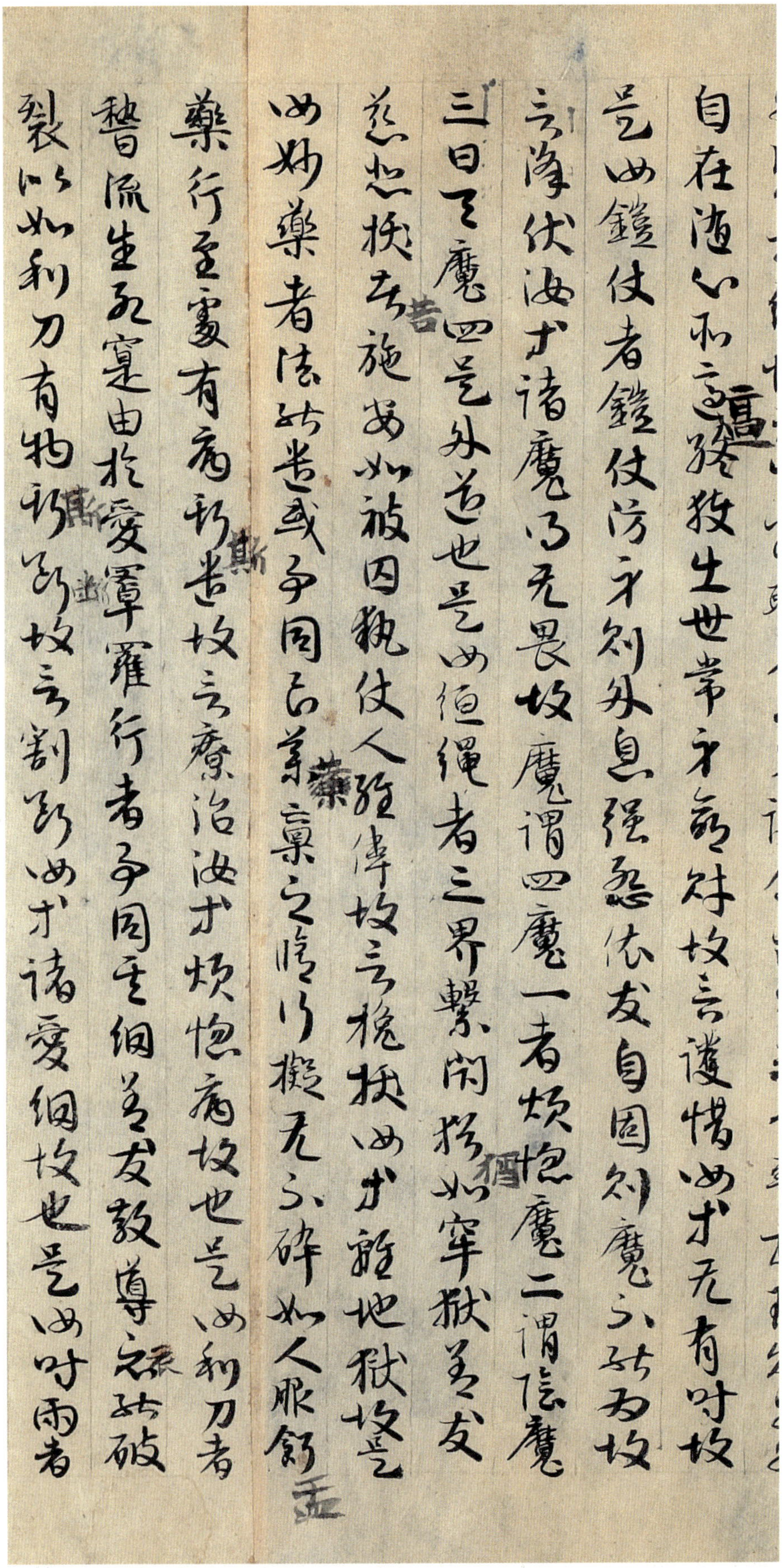

三六三 自在，隨心所適[二]，終獲[三]出世，常身命財。故言「護惜汝等无有時故」。

三六四 「是汝鎧仗」者，鎧仗防身，則外息强怨。依友自固，則魔不能爲。故

三六五 言「降伏汝等諸魔得无畏故」。魔，謂四魔。一者煩惱魔，二謂陰魔，

三六六 三曰天魔，四是外道也。「是汝絙繩」者，三界繫閉，猶[三]如牢獄。善友

三六七 慈悲，抚[四]苦[五]施安。如被囚執，仗人維偉[六]。故言「挽抚汝等離地獄

故」。[七]「是

三六八 汝妙藥」者，法能遣或[八]，事同良藥[九]。稟之脩行，擬无不碎。如人服飲[一〇]，

三六九 藥行至處，有病斯[一一]遣。故言「療治汝等煩惱病故」也。「是汝利刀」者，

三七〇 稽流生死，寔[一二]由於愛。罥[一三]羅行者，事同其網。善友教導，衣[一四]能破

三七一 裂。似如利刀，有物斯斷[一五]。故言「割斷汝等諸愛網故」也。「是汝時雨」

者，

校注

【一】「適」，又將「適」淺墨楷書於文右。【二】「獲」，《大正藏》誤作「報」。【三】「猶」，又淺墨楷書於文右。【四】「抚」，「拔」之俗字。【五】「苦」，又淺墨楷書於文右。【六】「偉」，《大正藏》誤作「維」。【七】「挽抚汝等離地獄故」，《法句經》作「椃機汝等離地獄故」。【八】「或」，《大正藏》作「惑」。【九】「藥」，又淺墨楷書於文右。【一〇】「飲」，文下淺墨楷書一「盂」字，似爲「飲」注音。《大正藏》無。【一一】「斯」，又淺墨楷書於文右。【一二】「寔」，《大正藏》作「寔」。【一三】「罥」，《大正藏》誤作「覃」。【一四】「衣」，又淺墨楷書於文右。【一五】「斯斷」，又將「斯断」淺墨楷書於文右。

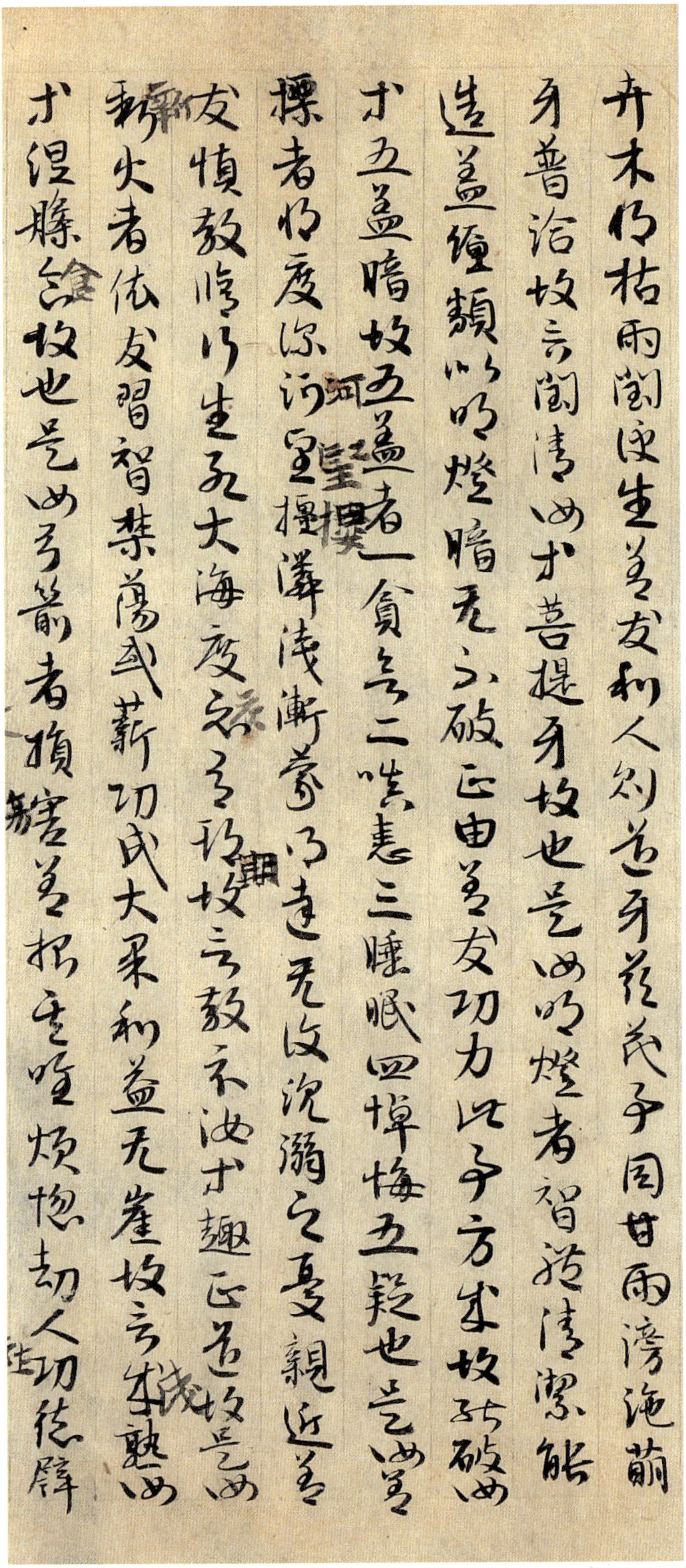

卉木將枯，雨閏便生。善友利人，則道牙茲茂。事同甘雨滂沲，萌牙普洽。故言「閏清汝等菩提牙故」〔一〕也。「是汝明燈」者，智體清潔，能造蓋緾。類似〔二〕明燈，暗无不破。正由善友功力，此事方成。故〔言〕〔三〕「能破汝

三七五 等五蓋暗故」。五蓋者，一貪欲，二嗔[四]恚，三睡眠，四悼悔，五疑也。「是
汝善
三七六 標」者，將度深河，望樓[五]隣淺，漸蒙得達，无復沉溺之憂。親近善
三七七 友，慎[六]教脩行，生死大海，度衣[七]有期[八]。故言「教示汝等趣正道故」。
「是汝
三七八 新[九]火」者，依友習智，焚[一〇]蕩或[一一]薪。功成大果，利益无崖。故言「成[一二]熟
汝
三七九 等涅槃食[一三]故」也。「是汝弓箭」者，損害善根，其唯煩惱。刼人功德，譬

校注

【一】「閨清汝等菩提牙故」，《法句經》作「潤清汝等菩提身故」。【二】「似」，《大正藏》誤作「以」。【三】「言」，原文無。依上下文補入。《大正藏》無。【四】「嗔」，《大正藏》作「瞋」。【五】「河望樓」三字，又淺墨楷書於文右。【六】「慎」，此處通「順」。《大正藏》作「順」。【七】「衣」，又淺墨楷書於文右。《大正藏》誤作「竟」。【八】「期」，又淺墨楷書於文右。【九】「新」，又淺墨楷書於文右。此處通「薪」。《大正藏》作「薪」。【一〇】「焚」，書作「禁」，同「焚」。【一一】「或」，《大正藏》作「惑」。【一二】「成」，又淺墨楷書於文右。【一三】「食」，又淺墨楷書於文右。

三八〇 之如賊。懃脩正觀，滅[一]之在近[二]。箭傷[三]悪人，其類是同。故言「射[四]煞汝等

三八一 煩惱賊故」也。「是汝勇將」[五]者，强敵侵淩，則憑之猛將。生死大軍[六]，衣[七]依

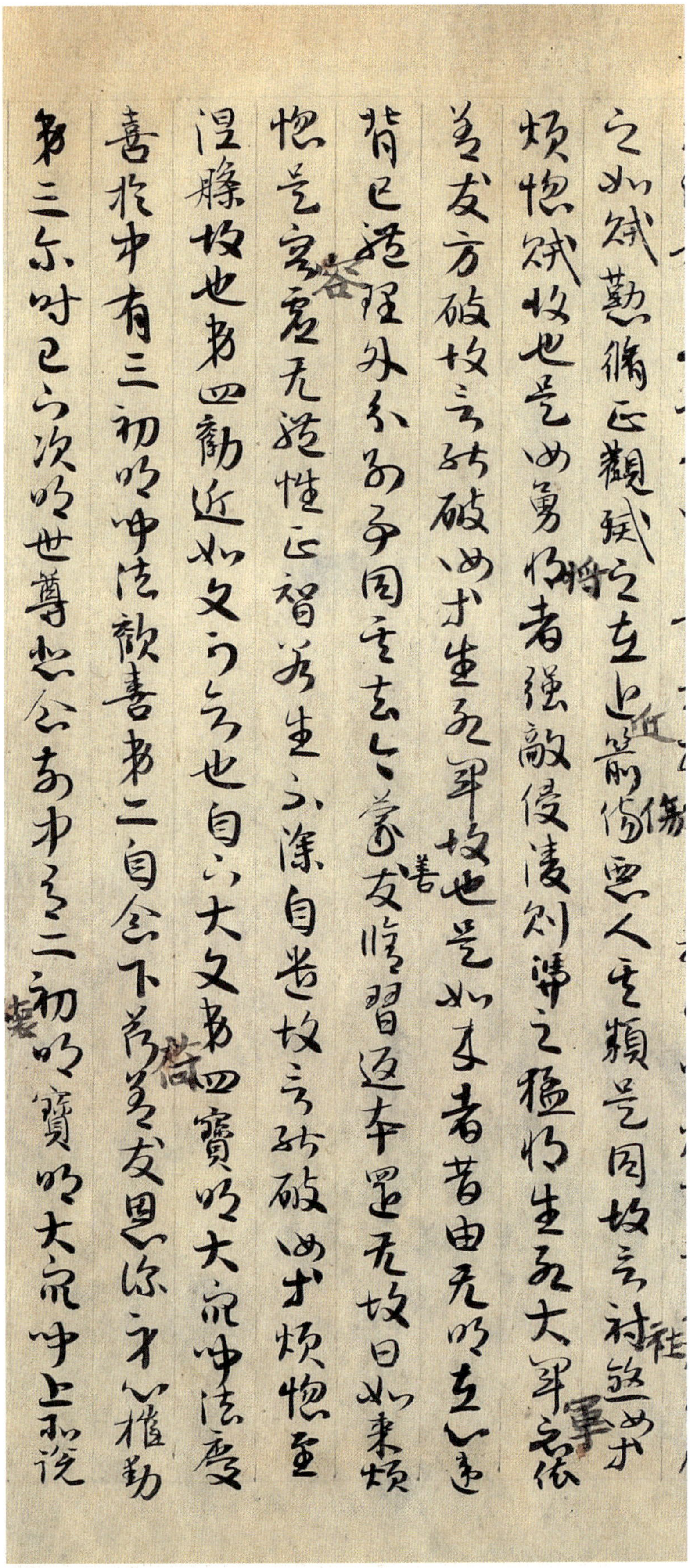

三八二 善友方破。故言「能破汝等生死軍故」也。「是如來」[八]者，昔由无明在心，
違
三八三 背己體。理外分別，事同其志。今蒙善[九]友脩習，返本還无。故曰「如來」。
煩
三八四 惚是客[一〇]，虚无體性。正智若生，不除自遣。故言能「破汝等煩惚至
三八五 涅槃故」[一一]也。弟四，勸近。如文可知也。自下，大文弟四，寶明大衆聞法慶
三八六 喜。於中有三。初明聞法歡喜。弟二，「自念」下，荷[一二]善友恩深，身心推
動。
三八七 弟三，「尒時」已下，次明世尊悲念。前中有二。初，明寶明大衆聞上所説

校注

【一】「滅」，《大正藏》誤作「殄」。【二】「近」，又淺墨楷書於文右。【三】「傷」，又淺墨楷書於文右。【四】「射」，其右淺墨楷書「社」字。【五】「是汝勇將」，《法句經》作「善知識者是汝勇得」。「將」，又淺墨楷書於文右。【六】「軍」，又淺墨楷書於文右。【七】「衣」，《大正藏》誤作「竟」。【八】「是如來」，《法句經》作「善知識者是汝如來」。【九】「善」，楷書補於文右。【一〇】「客」，文右淺墨楷書誤釋爲「容」。《大正藏》作「客」。【一一】「破汝等煩惚至涅槃故」，《法句經》作「破汝煩惱至涅槃故」。【一二】「荷」，又淺墨楷書於文右。《大正藏》誤作「若」。

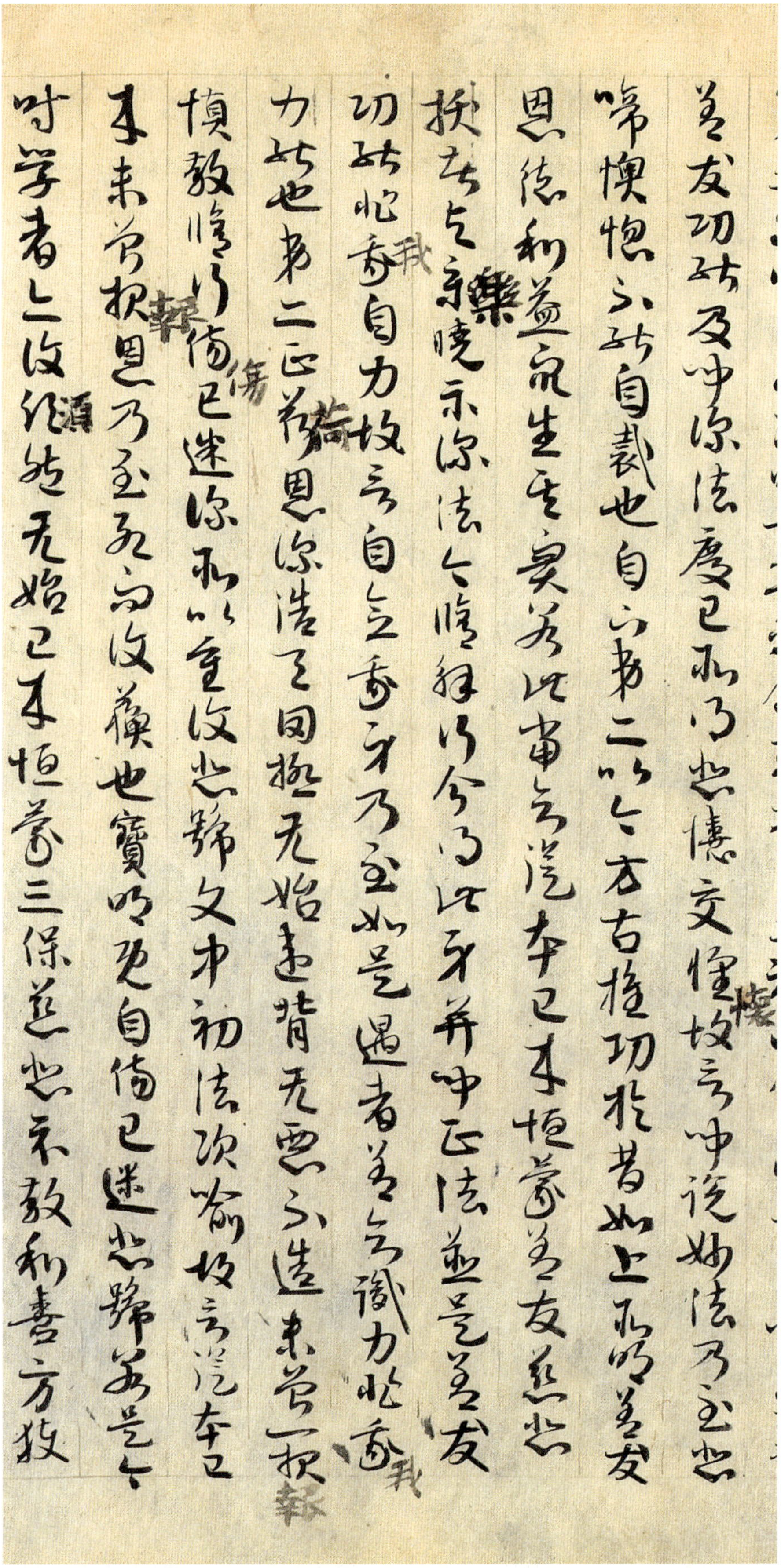

三八八 善友功能，及聞深法，慶已[一]所得，悲憹[二]交懷[三]。故言「聞說妙法」[四]，乃

至「悲

三八九 啼懊惚，不能自裁」也。自下，弟二，以今方古，推功於昔。如上所明，善友

三九〇 恩德，利益衆生。其實若此。當知從本已來，恒蒙善友慈悲，
三九一 抜苦与樂[五]，曉示深法。今[六]脩解行，今[七]得此身，并聞正法，並是善友
三九二 功能，非我[八]自力。故言「自念我身」，乃至「如是遇者善知識力，非我[九]
三九三 力能」也。第二，正荷[一〇]恩深，浩天罔極。无始違背，无恶不造，未曾一
報[一一]。
三九四 慎[一二]教脩行，傷[一三]己[一四]迷深，所以重復悲號。文中，初，法。次，喻。故言
「從本已
三九五 來，未曾報[一五]恩」，乃至「死而復蘊」[一六]也。寶明既自傷己迷悲號，若是今
三九六 時，學者亦復須[一七]然。无始已來，恒蒙三保慈悲，示教利喜[一八]，方獲

校注

【一】「己」，《大正藏》誤作「已」。【二】「憘」，古同「喜」。【三】「懷」，又淺墨楷書於文右。【四】「聞説妙法」，《法句經》作「聞佛説此妙法」。【五】「樂」，又淺墨楷書於文右。【六】「今」，《大正藏》誤作「令」。【七】「今」，《大正藏》誤作「令」。【八】「我」，又淺墨楷書於文右。【九】「我」，又淺墨楷書於文右。【一〇】「荷」，又淺墨楷書於文右。【一一】「報」，又淺墨楷書於文下。【一二】「慎」，此處通「順」。《大正藏》作「順」。【一三】「傷」，又淺墨楷書於文右。【一四】「己」，《大正藏》誤作「已」。【一五】「報」，又淺墨楷書於文右。【一六】「蘊」，《法句經》作「甦」。【一七】「須」，又淺墨楷書於文右。【一八】「喜」，《大正藏》誤作「善」。

三九七 道器之身。聞法造脩，創始發心，先須[一]知恩報德。慎[二]教脩行，稱

三九八 可聖心，則爲脩法供養也。自下，弟三，世尊[三]悲念，振動大千，亦爲

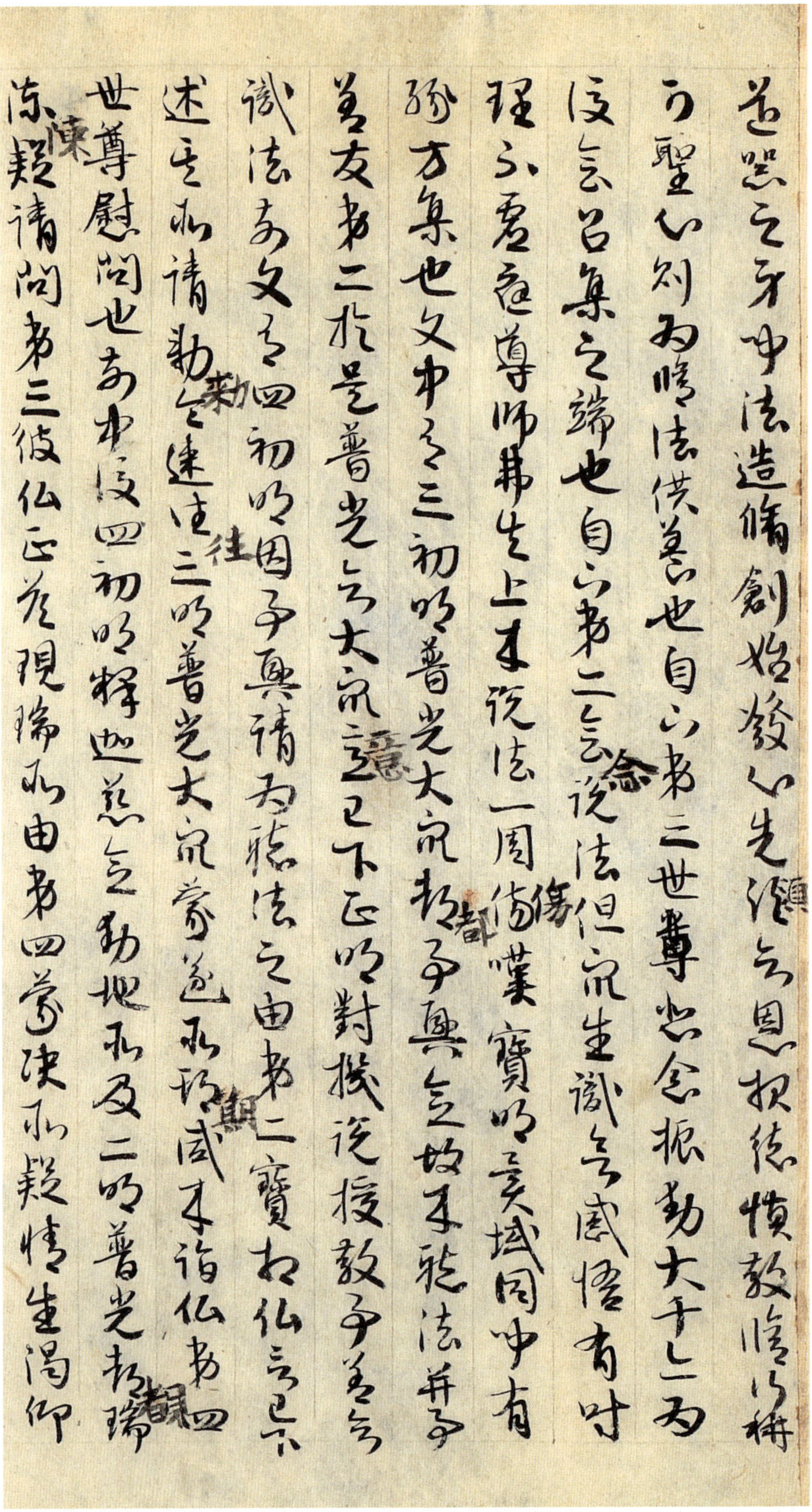

三九九 後會[四]召集之端也。自下，弟二會[五]說法。但衆生識欲[六]，感悟有時。

四〇〇 理不虛應，導師弗失。上來說法一周，傷[七]嘆寶明，異域同聞，有

四〇一 緣方集也。文中有三。初，明普光大衆，覲[八]事興念，故來聽法，并事

四〇二 善友。弟二，「於是普光知大衆意」[九]已下，正明對機說授，教事善知

四〇三 識法。前文有四。初，明因事興請，爲聽法之由。弟二，「寶相仏言」已下，

四〇四 述其所請，勑[一〇]令速往[一一]。三，明普光大衆，蒙遂所期[一二]，咸來詣仏。弟四，

四〇五 世尊慰問也。前中復四。初，明釋迦慈念，動地所及。二，明普光覲[一三]瑞，

四〇六 陳[一四]疑請問。弟三，彼仏正答，現瑞所由。弟四，蒙决所疑，情生渴仰。

校注

【一】「須」，又淺墨楷書於文右。【二】「慎」，此處通「順」。《大正藏》作「順」。【三】「尊」，原文有塗改痕迹。【四】「會」，《大正藏》誤作「念」。【五】「會」，文右楷書誤釋爲「念」。【六】「欲」，《大正藏》誤作「無」。【七】「傷」，又淺墨楷書於文右。【八】「覲」，文右淺墨楷書誤釋爲「都」。《大正藏》誤作「都」。【九】「於是普光知大衆意」，《法句經》作「於是普光莊嚴菩薩知大眾意」。「意」，又淺墨楷書於文右。【一〇】「勑」，又淺墨楷書於文右。《大正藏》作「勅」。【一一】「往」，又淺墨楷書於文右。【一二】「期」，又淺墨楷書於文右。【一三】「覲」，原文似爲「都」，又將「覲」淺墨楷書於文右。依文義並參第四〇九行，此處應爲「覲」。《大正藏》作「覲」。【一四】「陳」，又淺墨楷書於文右。

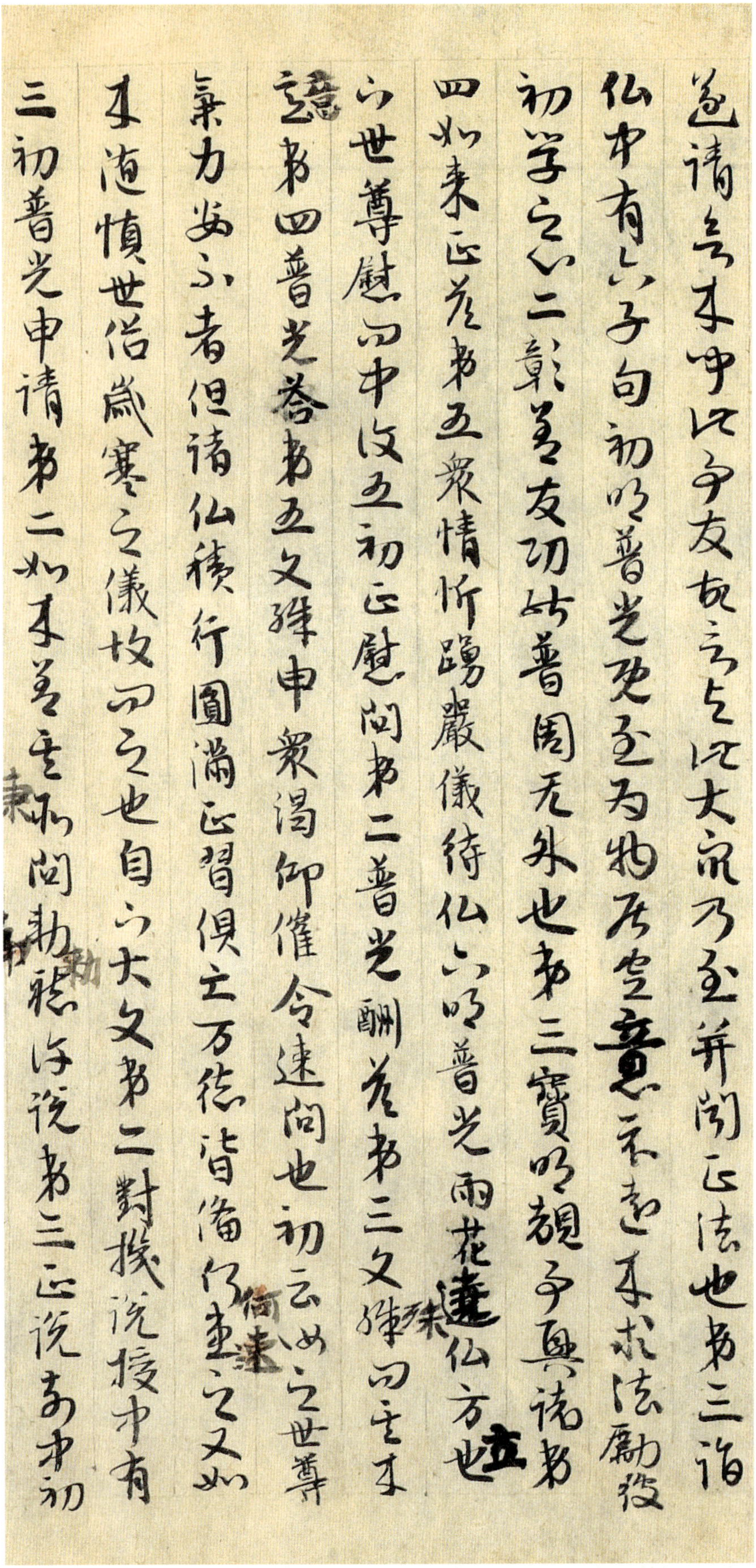

四〇七 遂請欲來，聞此事友。故言「与此大衆」，乃至「并聞正法」也。弟三，詣

四〇八 仏。中有六子句。初，明普光既至，爲物居空立，息[一]示遠來求法，勵[二]彼

四〇九 初學之心。二，彰善友功能，普周无外也。弟三，寶明覩事興諸[三]。弟

四一〇 四，如來正答。弟五，衆情忻踴，嚴儀待[四]仏。六[五]，明普光雨花，遶[六]仏方

立[七]也。

四一一 下，世尊慰問。中復五。初，正慰問。弟二，普光酬答。弟三，文殊[八]問其來

四一二 意[九]。弟四，普光答。弟五，文殊申衆渴仰，催令速問也。初，云「汝之世尊

四一三 氣力安不」[一〇]者，但諸仏積行圓滿，正習俱亡，万德皆脩，何[一一]患[一二]之？又，

如

四一四 來随慎[一三]世俗歲寒之儀，故問之也。自下，大文弟二，對機說授。中有

四一五 三。初，普光申請。弟二，如來善其所問，勑[一四]聽深說。弟三，正說。前中，

初，

校注

【一】「立息」，《大正藏》誤作「意」。【二】「勵」，《大正藏》誤作「勸」。【三】「諸」，《大正藏》誤作「請」。【四】「待」，此處係「侍」之俗體字。【五】「六」，《大正藏》誤作「下」。【六】「遶」，原文有塗改痕迹。【七】「立」，楷書補於文右。【八】「殊」，又淺墨楷書於文右。《大正藏》誤作「珠」。【九】「意」，又淺墨楷書於文右。【一〇】「汝之世尊氣力安不」，《法句經》作「汝之世尊氣力安否」。「不」，此處通「否」。【一一】「何」，又淺墨楷書於文右。【一二】「患」，文右淺墨楷書誤釋爲「速」。《大正藏》誤作「速」。【一三】「慎」，此處通「順」。《大正藏》作「順」。【一四】「勑」，又淺墨楷書於文右。《大正藏》作「勅」。

四一六

普光嘆法深妙，善友難議[二]，自陳[三]德節[三]，非己所解。第二，如仏前下

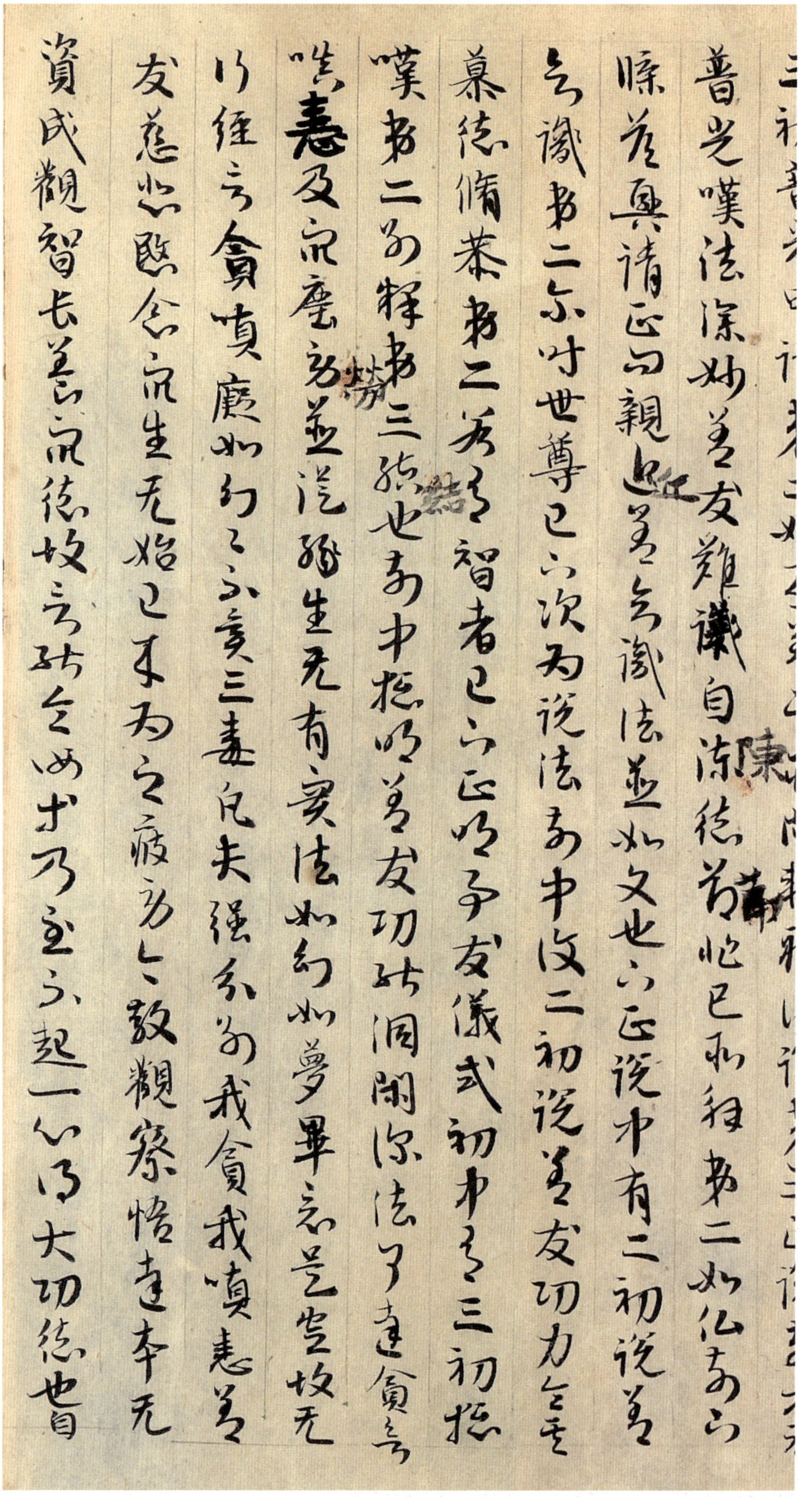

四一七 牒答與請，正問親近[四]善知識法，並如文也。下，正說。中有二。初，說善
四一八 知識。弟二，「尔時世尊」已下，次爲說法。前中復二。初，說善友功力，令
其
四一九 慕德脩恭。弟二，「若有智者」已下，正明事友儀式。初中有三。初，捴
四二〇 嘆。弟二，別釋。弟三，結[五]也。前中，捴明善友功能，洞閑深法，了達貪
欲、
四二一 嗔恚[六]及衆塵勞[七]，並從緣生，无有實法，如幻如夢，畢竟是空。故《无
四二二 行經》言：「貪、嗔、癡如幻，幻不異三毒。凡夫强分別，我貪我嗔恚。」善
四二三 友慈悲，愍念衆生，无始已來，爲之疲勞。今教觀察，悟達本无，
四二四 資成觀智，長養衆德。故言「能令汝等」，乃至「不起一心，得大功德」也。
自

校注

【一】「議」，《大正藏》誤作「儀」。【二】「陳」，又淺墨楷書於文右。【三】「節」，又將「莭」淺墨楷書於文右。【四】「近」，又淺墨楷書於文右。【五】「結」，又淺墨楷書於文右。【六】「恚」，原文有塗改痕迹。【七】「勞」，又淺墨楷書於文右。

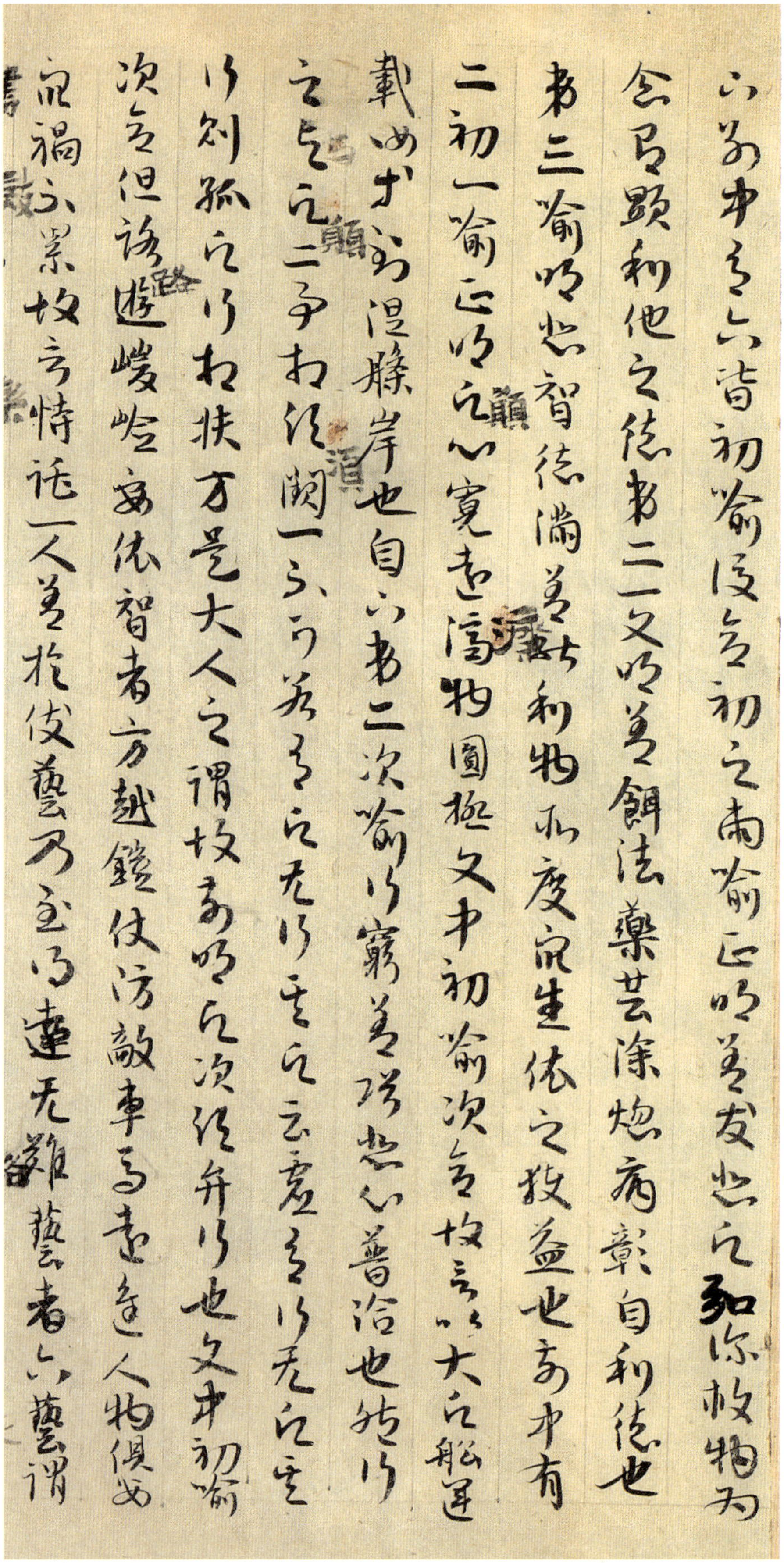

四五　下，別中有六，皆初喻，後合。初之兩喻，正明善友悲願[一]弘[二]深，救物爲

四六　念，即顯利他之德。弟二，一文，明善餌法藥，芸除惚[三]病，彰自利德也。

四二七 弟三，喻，明悲智德滿，善能利物，所度衆生，依之獲益也。前中有

四二八 二。初一喻，正明願[四]心寛[五]遠，濟[六]物圓極。文中，初，喻。次，合。故言

「以大願船運

四二九 載汝等到涅槃岸」[七]也。自下，弟二，次喻。行窮善巧，悲心普洽也。然，行

四三〇 之与[八]願[九]，二事相須[一〇]，闕一不可。若有願无行，其願云虛。有行无願，其

四三一 行則孤。願行相扶，方是大人之謂。故前明願，次須弁[一一]行也。文中，初，

喻。

四三二 次，合。但路[一二]遊峻嶮，要依智者方越。鎧仗防敵，車馬遠進，人物俱安，

四三三 衆禍不累。故言「恃託一人，善於伎藝」，乃至「得達无難」。藝者，六藝，

謂

校注

【一】「願」，《大正藏》誤作「凡」。【二】「弜」，「弘」之異體字。原文有塗改痕迹。【三】「惚」，原文左旁作「火」。《大正藏》作「惱」。

【四】「願」，又淺墨楷書於文右。【五】「寛」，古同「寬」。【六】「濟」，又淺墨楷書於文右。【七】「以大願船運載汝等到涅槃岸」，《法句經》作「以大願船，處生死海，運載汝等，不動身心，到涅槃岸」。【八】「与」，又淺墨楷書於文右。《大正藏》誤作「乞」。【九】「願」，又淺墨楷書於文右。【一〇】「須」，又淺墨楷書於文右。【一一】「弁」，《大正藏》作「辨」。【一二】「路」，又淺墨楷書於文右。

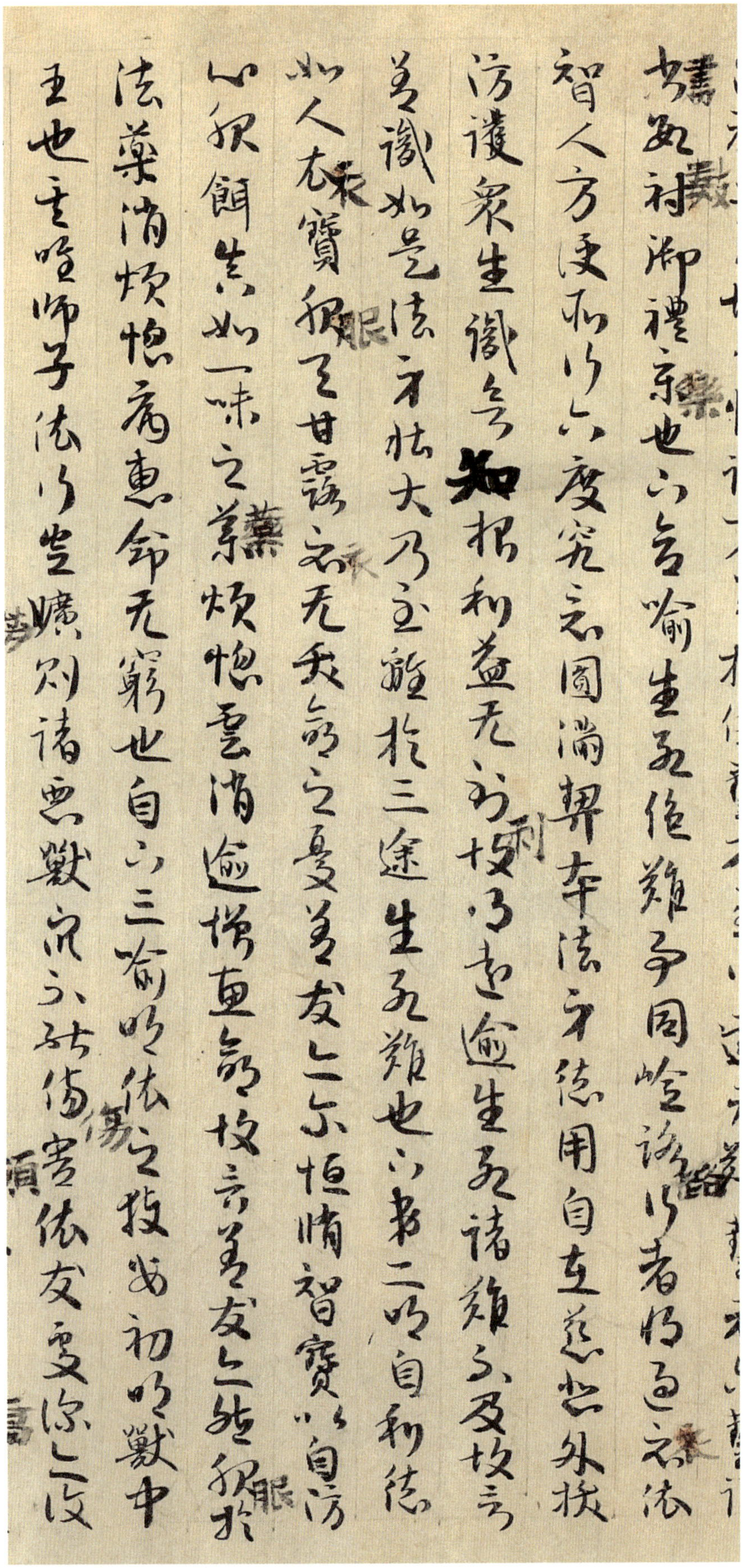

四三四 書、數[一]、射、御、禮、樂[二]也。下，合喻。生死絶難，事同嶮路[三]。行者將過，衣[四]依

四三五 智人方便。所行六度，究竟圓滿。契本法身，德用自在。慈悲外扶，

四三六 防護衆生。識欲知[五]報，利益无到[六]。故得遠逾生死，諸難不及。故言

四三七 「善識如是，法身壯大」，乃至「離於三途生死難」也。下，弟二，明自利

德，

四三八 如人衣[七]寶，服[八]天甘露，衣[九]无夭命之憂。善友亦尔。恒脩智寶，以自防

四三九 心。服餌真如一味之藥[一〇]，煩惚雲消，逾增恵[一一]命。故言「善友亦然[一二]，服[一三]

於

四四〇 法藥，消煩惚病，恵[一四]命无窮」也。自下，三喻，明依之獲[一五]安。初，明獸中

四四一 王也，其唯師子。依行空曠，則諸悪獸衆不能傷[一六]害。依友處深，亦復

校注

【一】「書數」，又淺墨楷書於文右。【二】「樂」，又淺墨楷書於文右。【三】「路」，又淺墨楷書於文右。【四】「衣」，又淺墨楷書於文右。此處通「亦」。《大正藏》作「亦」。【五】「知」，原文有塗改痕迹。【六】「到」，文右淺墨楷書誤釋爲「利」。《大正藏》誤作「到利」二字。【七】「衣」，又淺墨楷書於文右。【八】「服」，又淺墨楷書於文右。【九】「衣」，又淺墨楷書於文右。此處通「亦」。【一〇】「藥」，又淺墨楷書於文右。【一一】「恵」，《大正藏》作「惠」。【一二】「然」，《大正藏》誤作「能」。【一三】「服」，又淺墨楷書於文右。【一四】「恵」，《大正藏》作「惠」。《法句經》作「慧」。【一五】「獲」，《大正藏》誤作「報」。【一六】「傷」，又淺墨楷書於文右。

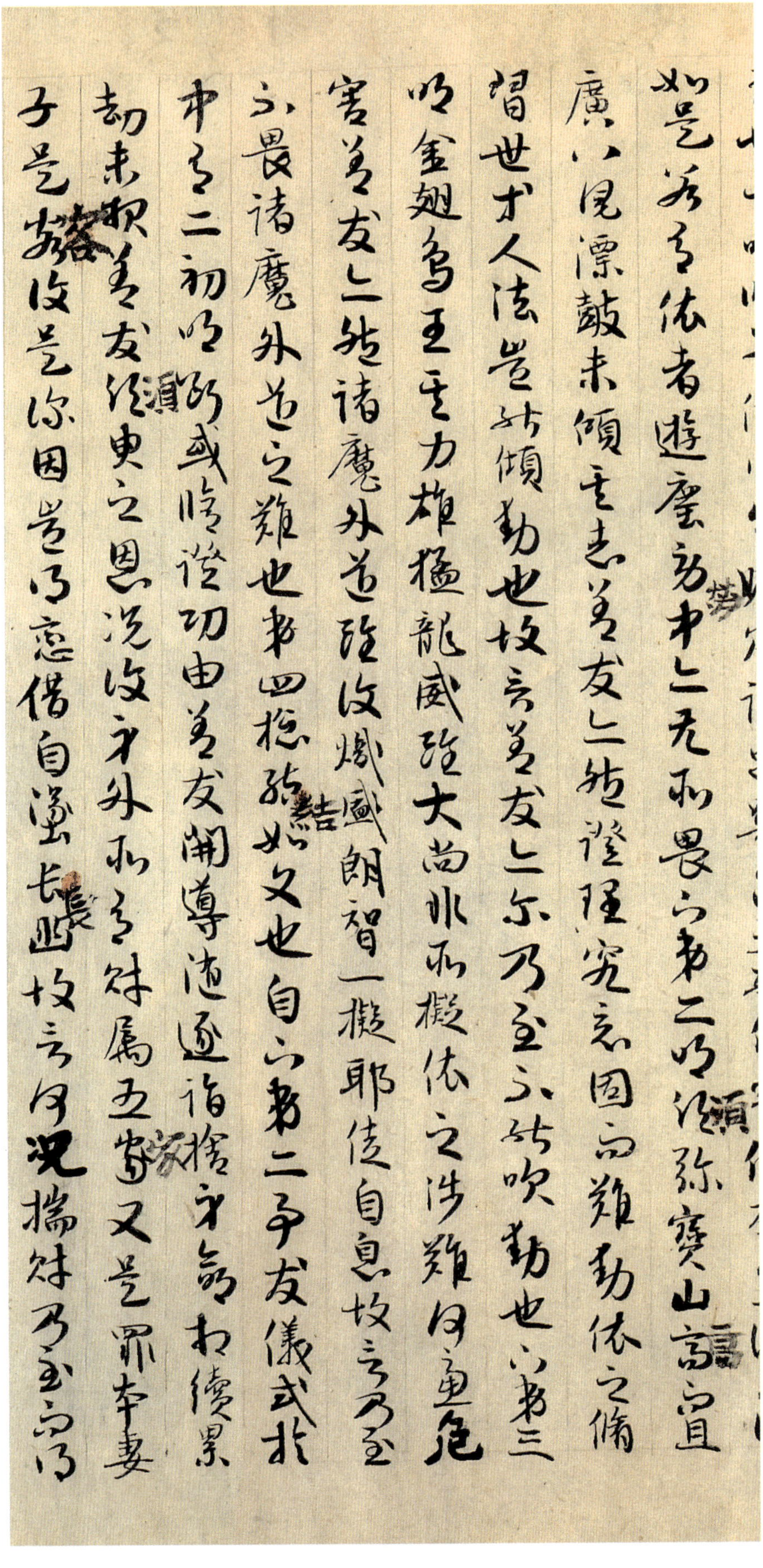

四二 如是。若有依者，遊塵勞[一]中，亦无所畏。下，弟二，明須[二]弥寶山，高[三]而

且

四三 廣。八風漂鼓，未傾其志。善友亦然。證理究竟，固而難動。依之脩

四四四 習世等人法，豈能傾動也！故言「善友亦尔」，乃至「不能吹動」也。下，弟
三，
四四五 明金翅鳥王，其力雄猛。龍威雖大，尚非所擬。依之涉難，何慮危
四四六 害！善友亦然。諸魔外道，雖復熾盛。朗智一擬，耶徒自息。故言乃至
四四七 「不畏諸魔外道之難」也。弟四[四]，捻結[五]。如文也。自下，弟二，事友儀
式。於
四四八 中有二。初，明斷或脩證，功由善友。開導隨逐，詣捨身命。相續累
四四九 劫，未報善友須[六]臾之恩。況復身外所有，財屬五家[七]，又是罪本，妻
四五〇 子是客[八]，復是深因，豈得戀惜[九]，自墜長[一〇]幽！故言「何況揣財」，乃至
「而得

校注

【一】「勞」，又淺墨楷書於文右。【二】「須」，又淺墨楷書於文右。【三】「高」，又將「高」淺墨楷書於文右。【四】「四」，實應爲「三」。據第四一八至四二〇行，「初，説善友功力」，分三部分。第一，「捻嘆」。第二，「别釋」。此處之「總結」實爲第三，「結」。《大正藏》作「四」。【五】「結」，又淺墨楷書於文右。【六】「須」，又淺墨楷書於文右。【七】「家」，又淺墨楷書於文右。【八】「客」，文右淺墨楷書誤釋爲「容」。《大正藏》誤作「若」。【九】「惜」，原作「借」。依文義，應爲「惜」。《大正藏》作「惜」。【一〇】「長」，又淺墨楷書於文右。

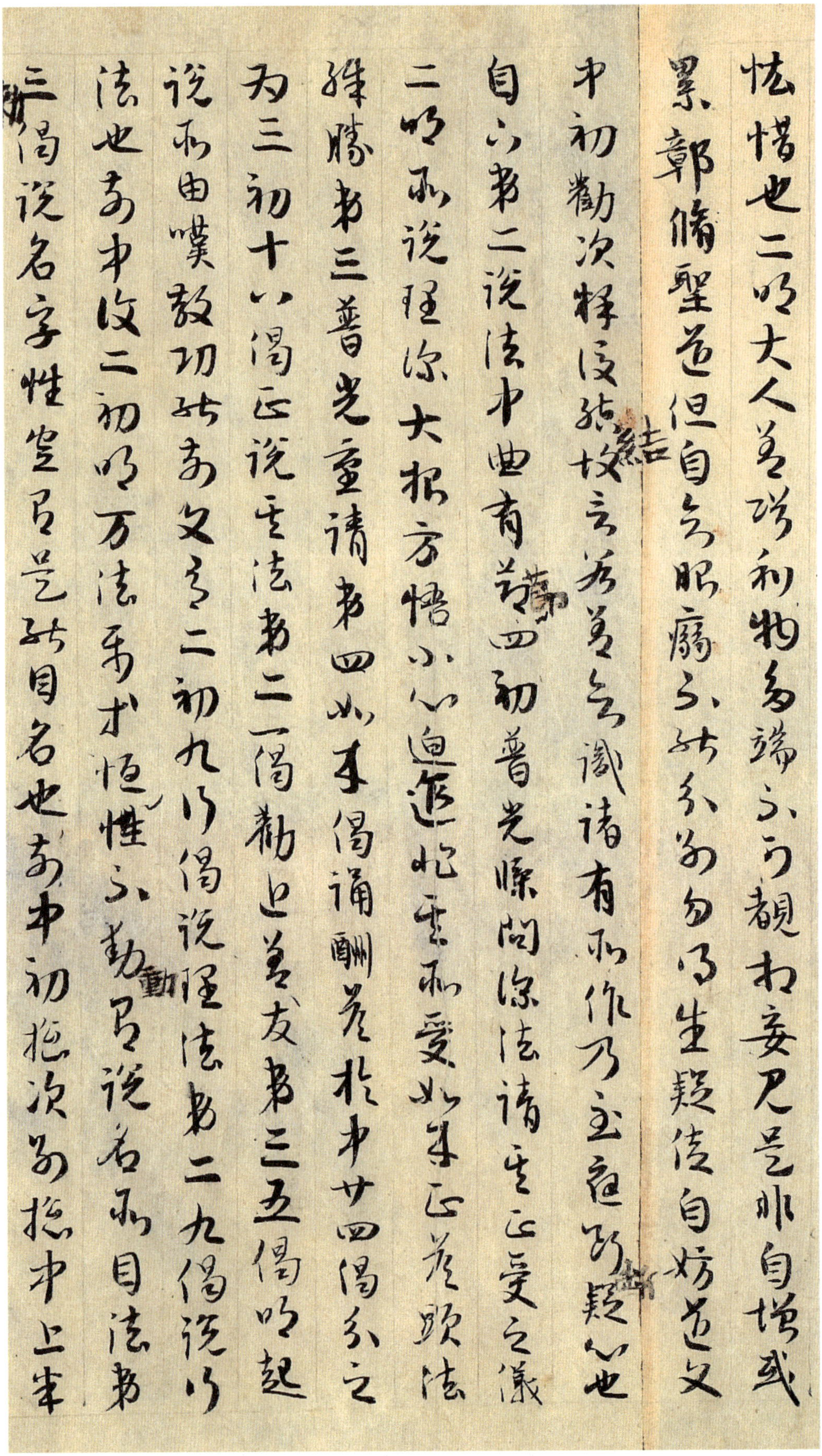

四五一

怯[一]「惜」也。二，明大人善巧，利物多端。不可覩相，妄見是非。自增或

四五二 累，郭脩聖道。但自知眼弱[二]，不能分別。勿得生疑，徒自妨道。文
四五三 中，初，勸。次，釋。後，結[三]。故言「若善知識諸有所作」，乃至「應斷[四]
疑心」也。
四五四 自下，第二，說法。中，曲有節[五]四。初，普光膝問深法，請其正受之儀。
四五五 二，明所說理深，大根方悟。小心迫迮，非其所受。如來正答，顯法
四五六 殊勝。第三，普光重請。第四，如來偈誦酬答。於中廿[六]四偈，分之
四五七 爲三。初，十八偈，正說其法。第二，一偈，勸近善友。第三，五偈，明起
四五八 說所由，嘆教功能。前文有二。初，九行偈，說理法。第二，九偈，說行
四五九 法也。前中復二。初，明万法平等，性恒[七]不動[八]，即說名所自[九]法。弟
四六〇 三偈，說名字性空，即是能自[一〇]名也。前中，初，揔。次，別。揔中，上半，

校注

【一】「怯」，《大正藏》作「恪」。【二】「弱」，原作「㱹」，應爲「弱」之俗體字。《大正藏》作「翳」。【三】「結」，又淺墨楷書於文右。【四】「斷」，又將「断」淺墨楷書於文右。【五】「節」，又將「莭」淺墨楷書於文右。【六】「廿」，《大正藏》作「二十」。【七】「性恒」，原作「恒性」，有倒乙符。【八】「動」，又淺墨楷書於文右。【九】「自」，原作「目」。應爲「自」。《大正藏》作「自」。【一〇】「自」，原作「目」。應爲「自」。《大正藏》作「自」。

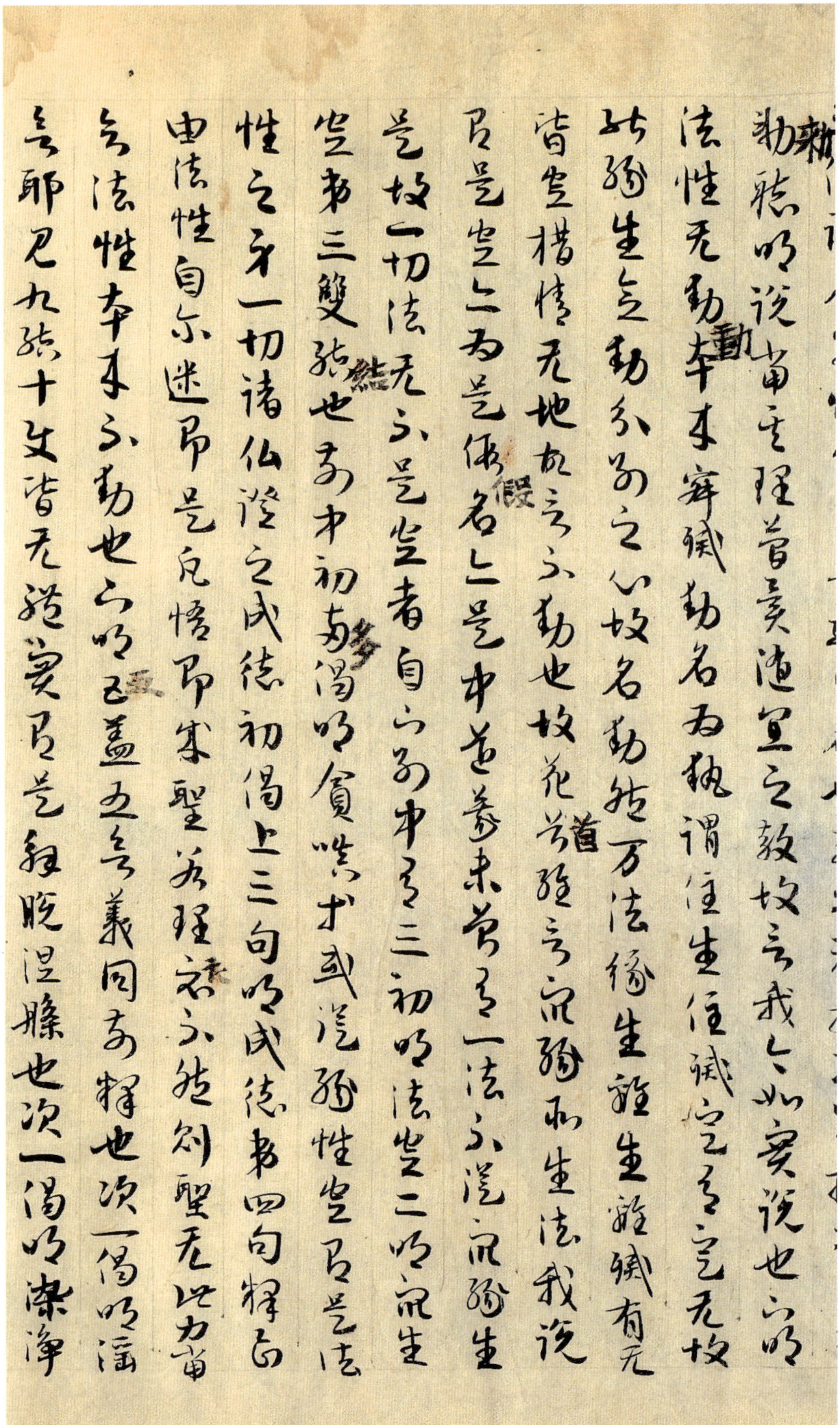

勅聽明說當其理萠異隨宜之教故云我今如實說也下明
法性無動本來寂滅動名爲執謂住生住滅空言無故
說縱生之動分別之心故名動縱萬法緣生雖生雖滅有無
皆空措情無地故云不動也故龍樹云衆緣所生法我說
即是空亦爲是假名亦是中道義故言一法不從緣生
是故一切法無不是空者自下第三初明法空二明緣生
空有三雙結也第中初有多偈明貪嗔等惑從緣性空即是法
性之身一切諸佛從之成德初偈上三句明成德第四句釋所
由法性自尔迷即是凡悟即成聖若理殊不然則聖無此力當
知法性本來不動也下明五蓋五欲義同前釋也次一偈明濁
辱耶見九結十使皆無體實即是解脫涅槃也次一偈明染淨

四六一
勑[二]聽，明說當其理萠異隨宜之教。故言「我今如實說」也。下，明

四六二 法性无動[二]，本來寂滅。動，名爲執，謂住生、住滅，定有、定无，故

四六三 能緣生念[三]動分別之心，故名動。然，万法緣生，離生、離滅，有无

四六四 皆空，措情无地。故言「不動」也。故《花首[四]經》言：「衆緣所生法，我說

四六五 即是空，亦爲是假[五]名，亦是中道義。未曾有一法，不從衆緣生，

四六六 是故一切法，无不是空者。」自下，別中有三。初，明法空。二，明衆生

四六七 空。弟三，雙結[六]也。前中，初兩[七]偈，明貪、嗔等或，從緣性空，即是法

四六八 性之身。一切諸仏，證之成德。初偈，上三句，明成德。弟四句，釋良[八]

四六九 由法性自尒，迷即是凡，悟即成聖。若理衣[九]不然，則聖无此力。當

四七〇 知法性本來不動也。下，明五[一〇]蓋、五欲，義同前釋也。次一偈，明淫

四七一 欲、耶見，九結、十使，皆无體實，即是解脫涅槃也。次一偈，明染淨

校注

【一】「勑」，又淺墨楷書於文右。《大正藏》作「勅」。【二】「動」，又淺墨楷書於文右。【三】「念」，《大正藏》誤作「令」。【四】「首」，又淺墨楷書於文右。【五】「假」，又淺墨楷書於文右。【六】「結」，又淺墨楷書於文右。【七】「兩」，文右淺墨楷書誤釋爲「多」。《大正藏》誤作「多」。【八】「良」，《大正藏》誤作「已心」。【九】「衣」，又淺墨楷書於文右。此處通「亦」。《大正藏》作「亦」。【一〇】「五」，又淺墨楷書於文右。

性空无有兩邊達深无生即便爲淨德譬如高原之地不生
蓮花卑濕淤泥乃生此花故云若處於三毒長養於白法
次一偈明是非屬情法性无二如乃爲人互相是非此則以彼
爲非自示爲是彼以自是以非於此乃若是是非則非於是彼
若是非是則是於非是非則无非乃非乃是又无是乃是无
是乃是離是而无是无非乃非離非而无非離不是於是非二
不離於是非乃謂法性无住而无爲是故則无爲不是无爲
不是則是而无是彼比義空乎一切是非何爲不窮也又求
上半條法无是无非不明是非性識本无爲動自不第三偈
明說生空上三句明空第四句釋但名色之識更相依起顯
現以生未曾有實離乃離无不生不滅自體恒寂即是涅

性空，无有兩體，達染无生，即便爲浄德。譬如高原之[一]地，不生蓮花。卑濕淤泥，乃生此花。故言「常處於三毒，長[二]養[三]於白[四]法」。次一偈，明是非屬情，法性无二。如有兩[五]人，互相是非。此則以彼爲非，自取其是。彼復自是，以非於此。此若定是非，則非於是。彼若定非是，則是於非。是非，則无非可非。非是，又无是可是。无是可是，雖[六]是而无是。无非可非，雖非而无非。雖不是於是，非亦不離於是非，可謂法性，无住而[七]无所。是故則无所不是。无所不是，則是而无是。彼此莫[八]定乎！一切是非，何爲不家[九]也！文中，上半，牒法无是、无非。下，明是非性滅，本无所動[一〇]。自下，弟三偈，明衆生空。上三句，明空。弟四句，釋。但名、色与識，更相依起，顯現以生，未曾有實。離[一一]有、離无，不生、不滅。自體恒寂，即是涅

校注

【一】「之」，原文有塗改痕迹。【二】「長」，原文模糊不清，又淺墨楷書於文右。【三】「養」，又淺墨楷書於文右。【四】「白」，原文有塗改痕迹。【五】「兩」，文右誤釋爲「多」。【六】「雖」，原文有塗改痕迹。【七】「而」，原文有塗改痕迹。【八】「莫」，《大正藏》誤作「難」。【九】「家」，古同「寂」。【一〇】「動」，又淺墨楷書於文右。【一一】「離」，又淺墨楷書於文右。

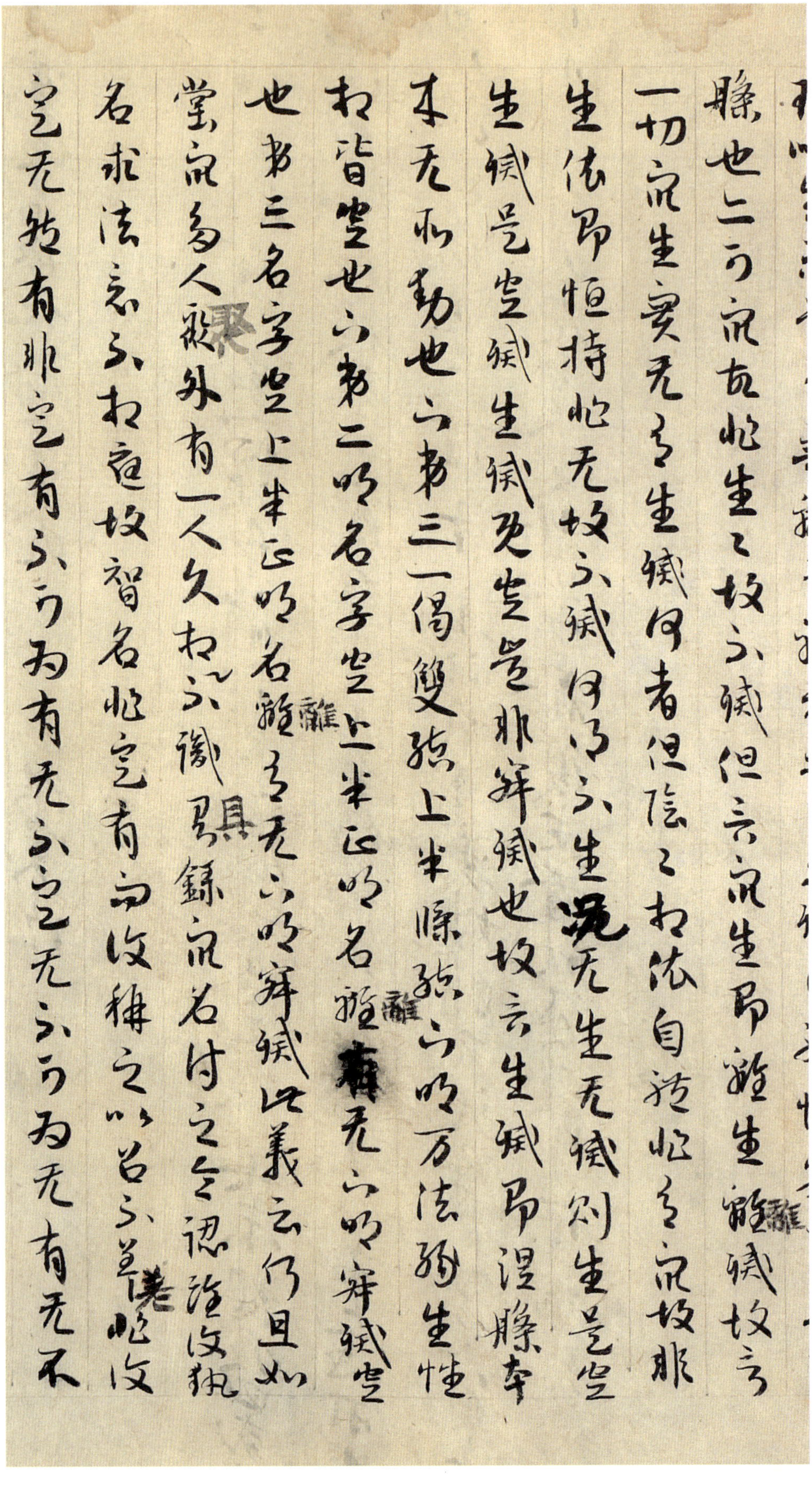

四八三
槃也。亦可。衆故，非生。生故，不滅。但言衆生，即離生、離[二]滅。故言

四八四 「一切衆生，實无有生滅」。何者？但陰陰相依，自體非有。衆故，非
四八五 生。依即恒持。非无故，不滅。何得不生？況[二]无生、无滅，則生是空
四八六 生，滅是空滅。生滅既空，豈非寂滅也！故言「生滅即涅槃，本
四八七 來无所動」也。下，弟三，一偈雙結。上半，牒結。下，明万法緣生，性
四八八 相皆空也。下，弟二，明名字空。上半，正明名離[三]有无。下，明寂滅。「空
四八九 也。弟三，名字空。上半，正明名離[四]有无。下，明寂滅。」[五]此義云何？且
如
四九〇 堂衆[六]多人聚[七]，外有一人，久不相[八]識。具[九]録衆名，付之令認。雖復執
四九一 名求法，竟不相應。故智名非定有，而復稱之，以召[一〇]不差[一一]，非復
四九二 定无。然，有非定有，不可爲有。无不定无，不可爲无。有无不

校注

【一】「離」，又淺墨楷書於文右。【二】「況」，原文有塗改痕迹。【三】「離」，又淺墨楷書於文右。【四】「離」，又淺墨楷書於文右。【五】原文第四八八行第二四字（即最後一字）至第四八九行第一八字，與第四八八行第三字「空」之後部分基本重複，疑爲衍文。【六】「衆」，《大正藏》誤作「象」。【七】「聚」，又淺墨楷書於文右。【八】「不相」，原作「相不」，有倒乙符。【九】「具」，又淺墨楷書於文右。【一〇】「召」，《大正藏》誤作「名」。【一一】「差」，又將「著」淺墨楷書於文右。

實說本皆如故云俱同一解識也二可名之長壽至和依持
多雜亦无故云俱解識也亦者二說行法中有二初明依理起
行者二偈辨勸修行者中明施亦行文足為亦初一偈明施行
上半明三事空亦明福无定實即以能施心所施物及以受田
三事畢之方生施因更相依持究竟无實福從緣生為可得
也故云施福如響應次一偈明感福緣生又无持者因緣生法
識諸識論答云我能持感是所持能所空執取為倒矣文中
三句明感性空亦句明持者為倒亦明稱性真行遠離倒
非謂理尔專為非法餘行亦施亦明思行上半隨妄情計然
為實對之行思亦明无然求實思无所思正明依理起行問者
然煩之生无定所從賴心依境始方得起答曰心无境然之、

實，從本皆如。故云「俱同一寂滅」也。亦可。名之与義，互相依持，各離有无。故言「俱寂滅」也。下，弟二，説行法。中有二。初，明依理起行。弟二偈，結勸脩行。前中，明施六[一]行。文即爲六。初一偈，明施行。上半，明三事空。下，明福无定實。良以能施心所施物，及以前田[二]，三事具足[三]，方生施因。更相依持，究之无實。福從而生，焉[四]可得也！故云「施福如野馬[五]」。次一偈，明戒藉緣生，又无持者，因緣生法，滅諸戲論。若言「我能持戒」，是所持能所定執，斯[六]爲倒矣！文中三句，明戒性空。下句，明持者爲倒。今明稱性興行，違則成倒。非謂嘿尔，專爲非法。餘行亦然。下[七]，明忍行。上半，膝其情。計嗔[八]爲實，對之行忍。下，明知嗔等炎，忍无所忍。正明依理起行。何者？嗔惚[九]之生，无定所從。賴心依境，始方得起。若唯心无境，嗔不

校注

【一】「六」，《大正藏》誤作「亦」。【二】「田」，《大正藏》誤作「因」。【三】「足」，《大正藏》誤作「之」。【四】「焉」，《大正藏》誤作「烏」。【五】「馬」，又淺墨楷書於文右。【六】「斯」，又淺墨楷書於文右。【七】「下」，《大正藏》誤作「今」。【八】「計嗔」，《大正藏》誤作「此唯八」。【九】「惚」，原文左旁作「火」。《大正藏》作「惱」。

自生但境无心亡无乃起兜心境无然又无共法内外推求究
无起者唯尚无实思何所思了境无实唯性自无此則名為
法思思惟雜思故云名唯才湯炎思亡无所思也次偈明精進
初一偈半明說所為但未乃謂乃名增上慢仏為此人說涅槃大
果非精進不起然衆生存有所乃於斯虛妄非精進故也
云若起精心是妄非精也次半偈次明智者了知生死涅槃
因緣幻起從本一如究竟空寂故大品云縱令有法過於此者
尚謂如幻何況涅槃是則心外无法心无所乃法外无心故无
然乃於彼平等求進心无懈乃合理然不可以作心為量故云若然
心不妄精進无有崖也次明空乃上半條言爭空乃有繇動
之過以釋所由但存境住心繫於修空此乃心境繇然動心

自生。但境无心，亦无得起。既心境无能，又无共[一]法。内外推求，覓无起者。嗔尚无實，忍何所忍？了境无實，嗔性自无。此則名爲法忍，思惟解忍。故言「知嗔等陽[二]炎，忍亦无所忍」也。下偈，明精進[三]。初一偈半，明説所爲。但未得謂得，名增上慢。仏爲此人説涅槃大果，非精進[四]不剋。然，衆生存有所得，斯[五]並虚妄，何精進[六]！故也云「若起精心，是妄非精」也。下半偈，次明智者了知，生死涅槃，因緣幻起，從本一如，究竟空寂。故《大品》云：「縱令有法過[七]於此者，尚談如幻，何况涅槃？」是則心外无法，竟无所得。法外无心，復无能得。能[八]所平等[九]，進而无懈。行合理成，不可以限而爲量。故言「若能心不妄，精進无有崖」也。下，明定行。上半，牒其事定，明有紛動之過。下，釋所由。但存境住心，繫相脩定。此乃心境紛然，動而非

校注

【一】「共」，又淺墨楷書於文右。【二】「陽」，《大正藏》誤作「湯」。【三】「進」，又淺墨楷書於文右。【四】「進」，又淺墨楷書於文右。

【五】「斯」，又淺墨楷書於文右。【六】「進」，又淺墨楷書於文右。【七】「過」，又淺墨楷書於文右。【八】「能」，補於文右。《大正藏》無。

【九】「平等」，又將「平荨」淺墨楷書於文右。

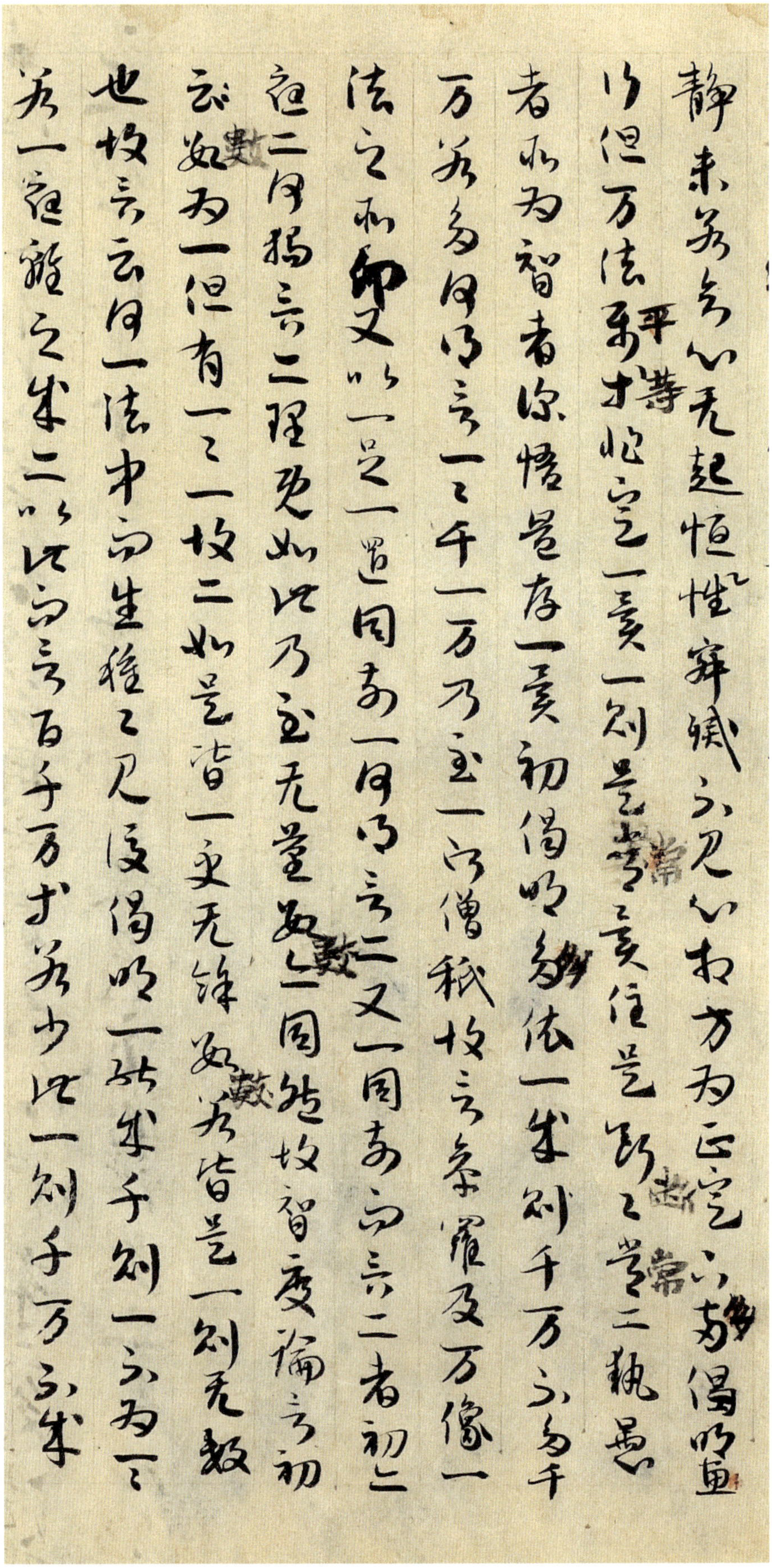

五五 靜。未若知心无起，性恒[一]寂滅。不見心相，方爲正定。下兩[二]偈，明恵[三]

五六 行。但万法平等[四]，非定一異。一則是常[五]，異住是斷[六]。斷常[七]二執，愚

五七 者所爲。智者深悟，豈存一異！初偈，明多[八]依一成，則千万不多。千

五一八 万若多，何得言一？一千一万，乃至一阿僧祇。故言「森羅及万像，一
五一九 法之所印[九]。」又，以一足一，還[一〇]同前一，何得言二？又，一同前而言二
者，初亦
五二〇 應二，何獨言二[一一]？理既如此，乃至无量數[一二]，亦同然。故《智度論》言：
「初
五二一 數[一三]爲一。但有一，一一故二，如是皆一，更无餘數[一四]。若皆是一，則无數
五二二 也。」故言「云何一法中，而[一五]生種種見」。後偈，明一能成千，則一不爲
一。一
五二三 若一，應離之成二。以此而言，百千万等，若少[一六]此一，則千万不成。

校注

【一】「性恒」，原作「恒性」，有倒乙符。【二】「兩」，文右誤釋爲「多」。《大正藏》作「兩」。【三】「恵」，《大正藏》作「慧」。【四】「平等」，又將「平等」淺墨楷書於文右。【五】「常」，又淺墨楷書於文右。【六】「斷」，又將「断」淺墨楷書於文右。【七】「常」，又淺墨楷書於文右。【八】「多」，又淺墨楷書於文右。【九】「印」，原文有塗改痕迹。【一〇】「還」，《大正藏》誤作「置」。【一一】「二」，《大正藏》誤作「亦」。【一二】「數」，又淺墨楷書於文右。【一三】「數」，又淺墨楷書於文右。其上原有「云」字，有刪除符。【一四】「數」，又淺墨楷書於文右。【一五】「而」，《大正藏》《法句經》均誤作「如」。【一六】「少」，《大正藏》誤作「千」。

故名比一入千米千入万来万復乃空一破義故云一亦名空

空一故云一亡亦為一為名破諸如也愚者謂云妄生空執故

云淺智之所中見一以為一也自下第三偈餘勸修行能奮心学

法但指滿根菩提妙果要唯無著故令餘勸修行依理造修

上半正勸依理起行亦明行同理解但行託理来理依行顯故

所以依二俱生解故云名行亡解識是名菩提道也自下大文

第二勸近善友上半正勸亦明近之獲益但理妙行深難為進

習自非杖託勝緣無以修證自利益人聖道方圓故云善学

諸方便度脫於群生也亦大文第二說所為本初偈正明教起

所由本為群生倒惑若能違捨妄情之言契理則究竟無說

上半正明說意下明說生無累亦復須說故云若無我見者究

竟無有說也下四偈嘆教功能初偈明契理之說譬如金對自

五一四 故知此一，入千成千，入万成万，何得定一！破異故言一，不欲是

五一五 其一。故言「一亦不爲一，爲欲破諸數」也。愚者尋言，妄生定執。故

五一六 言「淺智之所聞，見一以爲一」也。自下，弟三偈，結勸脩行。然，我[一]心學

五一七 法，但招漏報。菩提妙果，要[二]唯无著。故今結勸脩行，依理造脩。

五一八 上半，正勸依理起行。下，明行同理寂。但行託理成，理依行顯。能

五一九 所相依，二俱空寂。故言「知行亦寂滅，是即菩提道」也。自下，大文

五二〇 弟二，勸近善友。上半[三]，正勸。下，明近之獲益。但理妙行深，難爲進

五二一 習。自非杖託勝緣，无以脩證。自利益人，聖道方圓。故言「善學

五二二 諸方便，度脱於群生」也。下，大文弟三，説所爲。中，初偈，正明教起

五二三 所由，本爲群生倒或。若能達捨妄情，亡言契理，則究竟无説。

五二四 上半，正明説意[四]。下，明衆生无累，不復須[五]説。故言「若无我[六]見者，究

五二五 竟无有説」也。下，四偈，嘆教功能。初偈，明契現之説。譬如金對自

校注

【一】「我」，又淺墨楷書於文右。【二】「要」，又淺墨楷書於文右。【三】「半」，《大正藏》誤作「來」。【四】「意」，又淺墨楷書於文右。

【五】「須」，又淺墨楷書於文右。【六】「我」，又淺墨楷書於文右。

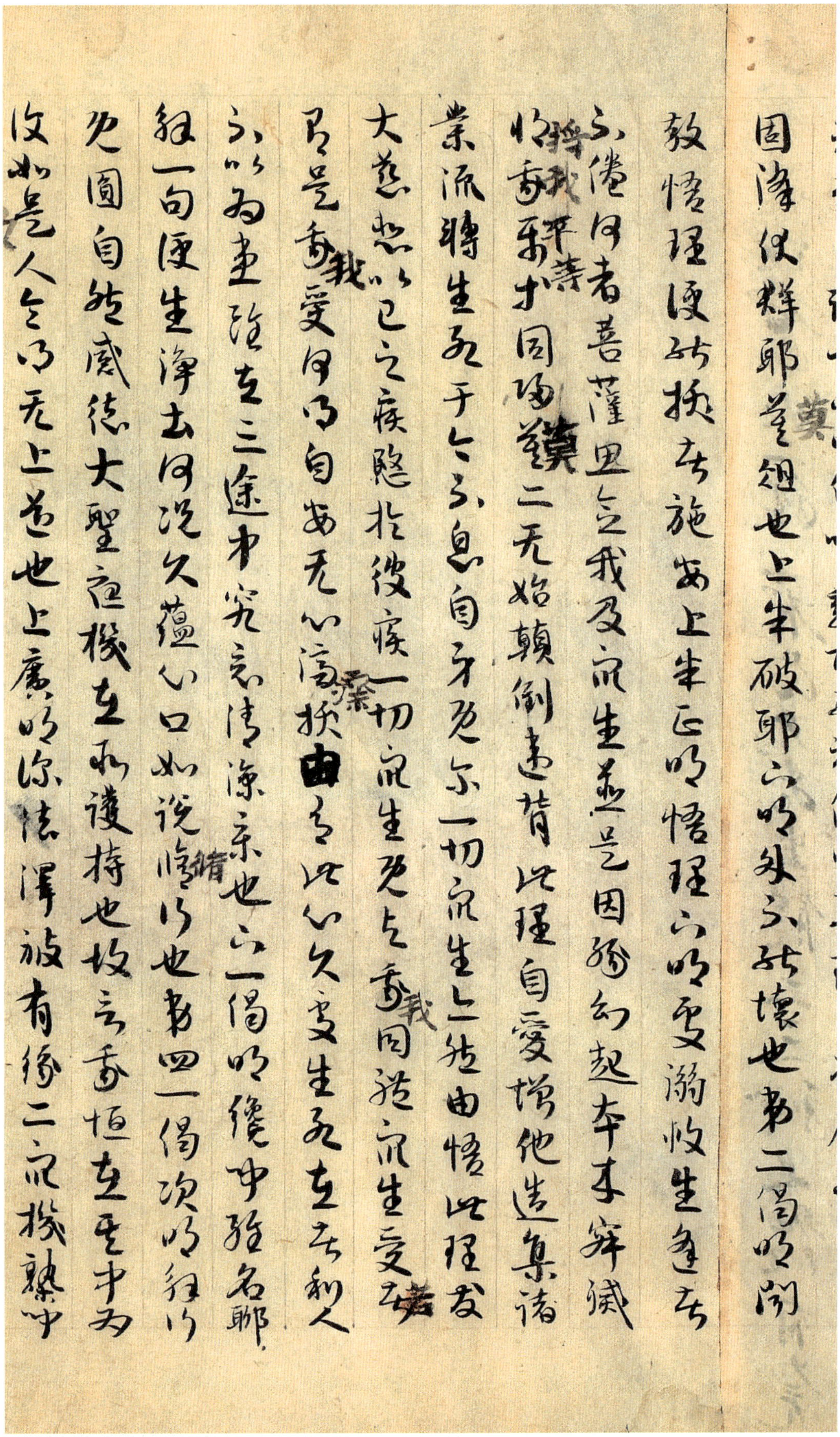

五三六

固，降伏群耶莫[二]组[三]也。上半，破耶。下，明外不能壞也。弟二偈，明聞

五三七 教悟理，便能抜苦施安。上半，正明悟理。下，明處溺救[三]生，逢苦不倦。何者？菩薩思念，我及衆生，並是因緣幻起，本來寂滅。將我平等[四]，同歸莫[五]二。无始顛倒，違背此理。自愛增他，造集諸業。流轉生死，于今不息。自身既尔，一切衆生亦然。由悟此理，發大慈悲，以己[六]之疾，愍於彼疾。一切衆生，既与我[七]同體。衆生受苦[八]，即是我[九]受，何得自安！无心濟[一〇]抜，由[一一]有此心，久處生死，在苦利人，不以爲盡。雖在三途中，究竟清涼樂也。下，一偈，明纔聞經名，聊解一句，便生淨土。何況久蘊心口，如說脩[一二]行也！第四，一偈，次明解行既圓，自然感德。大聖應機，在所護持也。故言「我恒在其中，爲護[一三]如是人，令得无上道」也。上，廣明深法，澤被有緣。二衆機熟，聞

校注

【一】「莫」，又淺墨楷書於文右。【二】「爼」，《大正藏》作「俎」。【三】「救」，《大正藏》無。【四】「將我平等」，又將「將我平」及「等」淺墨楷書於文右。【五】「莫」，又濃墨楷書於文右。【六】「己」，《大正藏》誤作「已」。【七】「我」，又淺墨楷書於文右。【八】「苦」，又淺墨楷書於文右。【九】「我」，又淺墨楷書於文右。【一〇】「濟」，又淺墨楷書於文右。【一一】「由」，原文有塗改痕迹。【一二】「脩」，又淺墨楷書於文右。【一三】「護」，原作「復」，有誤。《大正藏》《法句經》均作「護」，是。

五四七
皆領〔二〕悟。自下，大文弟三，次明聞法獲益也。於中有二。初，明普光

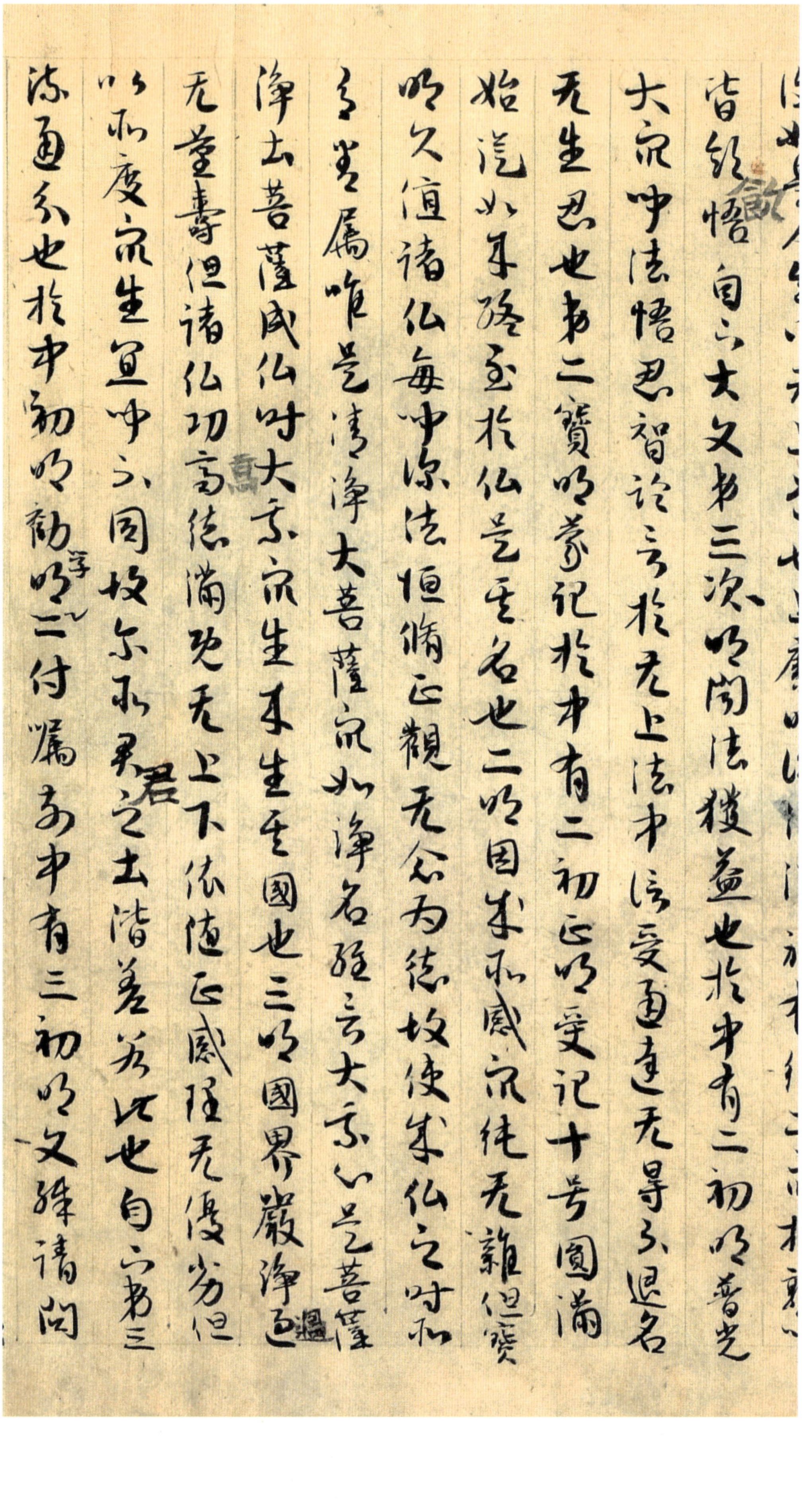

五四八 大衆，聞法悟忍。《智論》言「於无上法中，信受通達，无㝵不退，名
五四九 无生忍」也。弟二，寶明蒙記。於中有三[二]。初，正明受記，十号圓滿。
五五〇 始從如來，終至於仏，是其名也。二，明因成所感，衆純无雜。但寶
五五一 明久值諸仏，每聞深法，恒脩正觀，无念爲德。故使成仏之時，所
五五二 有眷屬，唯是清浄大菩薩衆。如《浄名經》言「大乘心是菩薩
五五三 浄土。菩薩成仏時，大乘衆生來生其國」也。三，明國界嚴浄，過[三]
五五四 无量壽。但諸仏功高[四]德滿，既无上下，依随正感，理无優劣。但
五五五 以所度衆生，宜聞不同。故尔所君[五]之土，階差若此也。自下，弟三，
五五六 流通分也。於中，初，明勸學[六]。二，明[七]付囑。前中有三[八]。初，明文殊請
問

校注

【一】「領」，文右淺墨楷書誤釋爲「飲」。《大正藏》誤作「飲」。【二】「三」，原作「二」，有誤。《大正藏》亦作「二」。依上下文，應更正爲「三」。參見第五五三行，「三，明國界嚴浄」。【三】「過」，又淺墨楷書於文右。【四】「高」，又將「高」淺墨楷書於文右。【五】「君」，又淺墨楷書於文右。【六】「學」，補於文右。【七】「二明」，原作「明二」，有倒乙符。【八】「三」，後文僅説到兩點，此處寫作「二」更爲合理。《大正藏》作「三」。

持經之人并所得法因緣第二如來正荅於中有二初嘆理教
甚深難為值遇於中之挍益福不可量於中初明理教既深
人中不易勝中億覺制非重分第二假使有人已以喻說校
量中挍勝益已由此經文勢起來唯明深法之性功德究竟
无表中之修習福亦无窮也第二說中法因緣持經功
德於中初明親侍多佛久值善根方乃中雖遇不修習亦未
能證會佛果於中因緣二明七地已還猶為空有相留之功
用隨八地已上證會无生不假功用雙行无留方為究竟持
經之人故言至八地菩薩之手此明果勝指始勸學受持二明
大衆奉行初言寧意守命莫於此經而懈怠者无始已來
君歷生死勝而沒始來能不受一劫守心大悲意无一毫法

五五七 持經之人，并問聞法因緣。弟二，如來正答。於中有二。初，嘆理教
五五八 甚深，難爲值遇[一]。聞之獲[二]益，福不可量。於中，初，明理教既深，
五五九 見聞不易[三]。聲聞緣覺，判非其分。弟二，「假[四]使[五]有人」已下，喻説校
五六〇 量，聞獲勝益。良由此經，文勢起盡，唯明深法，法性功德，究竟
五六一 无盡。聞之脩習，福亦无窮也。下，弟二，答聞法因緣，持經功
五六二 德。於中，初，明親侍多仏，文值善根，方得聞經。隨分脩習，而未
五六三 能證，會仏即答聞因緣。二，明七地已還，猶[六]爲空有，相間有功
五六四 用。脩八地已上，證會无生，不假[七]功用，雙行无間，方爲究竟持
五六五 經之人。故言「至八地菩薩之手」。此明舉終括始，勸學受持。二，明
五六六 大衆奉[八]行。初言「寧喪身命，莫[九]於此經而懈怠」者，无始已來，
五六七 虚歷生死路而復始，未能不受一劫，身心大苦，竟无一豪法

校注

【一】「遇」，《大正藏》誤作「過」。【二】「獲」，又淺墨楷書於文右。【三】「易」，又淺墨楷書於文右。《大正藏》誤作「問」。【四】「假」，又淺墨楷書於文右。【五】「使」，《大正藏》誤作「文」。【六】「還猶」，又淺墨楷書於文右。【七】「假」，又淺墨楷書於文右。【八】「奉」，又淺墨楷書於文右。【九】「命莫」，又淺墨楷書於文右。

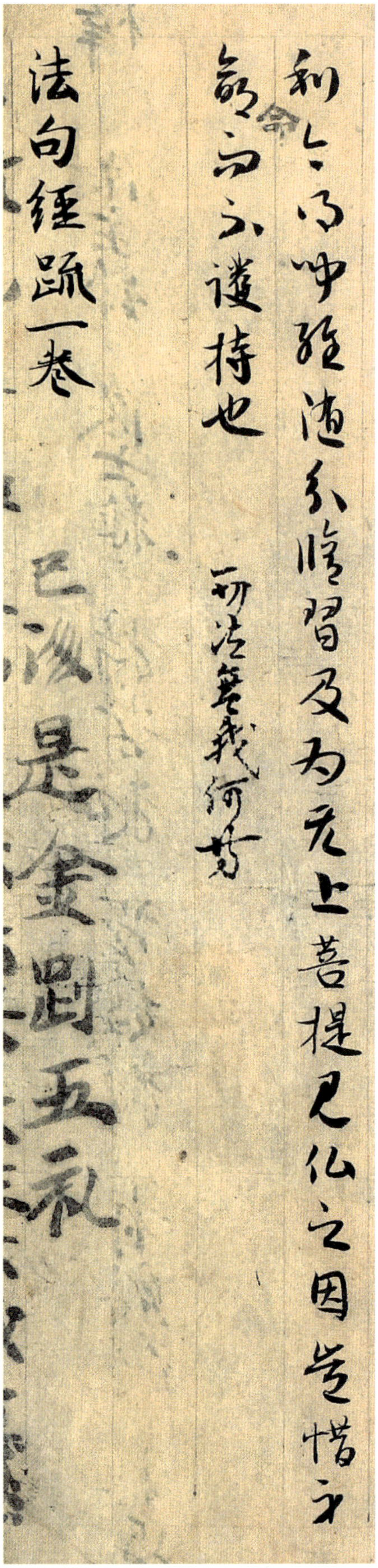
利今得聞經隨分脩習及為无上菩提見仏之因豈惜身
命而不護持也　一切法無我何等
法句經疏一卷

五六八	利。今得聞經，隨分脩習，及爲无上菩提，見仏之因，豈惜身
五六九	命[一]而不護持也！一切法無我何等[二]
五七〇	（空）
五七一	《法句經疏》一卷[三]

校注

【一】「命」，又淺墨楷書於文右。【二】「一切法無我何等」一句，墨迹與筆迹同正文主體部分不同。似與《法句經疏》無關。當爲後人所加。亦未見於《大正藏》。【三】尾題《法句經疏》之後爲《金剛五禮》内容，略。

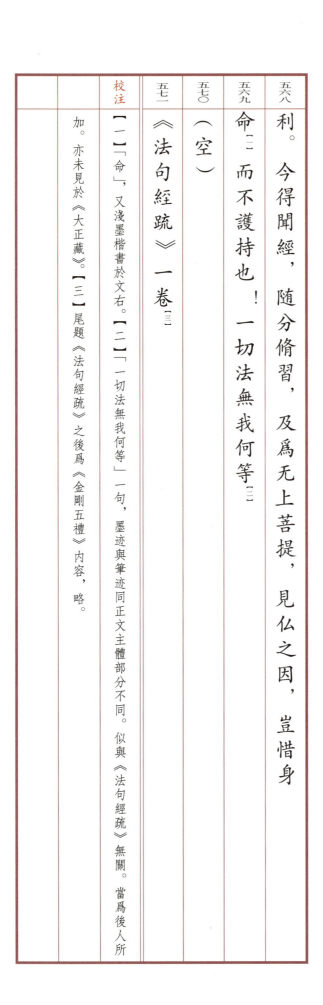

敦煌草書本《法句經疏》綜要

一、敦煌《法句經》(《寶明菩薩》)與《法句經疏》

(一)藏内《法句經》與敦煌《法句經》

《法句經》,經名意爲由「法句」連綴而成的經典。我們通常所説的藏内《法句經》,也就是彙集《阿含經》等經書中佛陀自説偈的格言詩集,藴含佛教義理、人生感悟,生動曉暢,經久不衰。正如水野弘元在《佛典成立史》中所説,《法句經》是大小乘佛經中最受西方人喜愛的經典,其在佛教中的地位,甚至與《聖經》在基督教中的地位相當。[一] 藏内《法句經》與十二分教中的《譬喻經》(avadāna)和《自説經》(udāna,又譯「優陀那」)文體均有重合,所屬派别不同,偈頌數目各異,品數亦有差别。現存的相關版本,包括漢譯《法句經》(大〇二一〇,法救撰,三國維祇難等譯)、《法句譬喻經》(大〇二一一,晉法炬共法立譯)、《出曜經》(大〇二一二,法救撰,前後秦竺佛念譯)、《法集要頌經》(大〇二一三,法救集,宋天

[一] [日]水野弘元:《佛典成立史》,劉欣如譯,東大圖書公司,二〇〇九,第四一、六三至六四頁。

息災譯）、《四十二章經》（大〇七八四，東漢迦葉摩騰共法蘭譯），巴利語《法句經》（*Dhammapada*）〔一〕，梵語《法集要頌經》（*Udānavarga*，又譯《自説品》）及其藏譯，混合梵語《法句經》（巴特那《法句經》）和《大事譬喻》（*Mahāvastu-avadāna*），吐火羅語《自説莊嚴經》（*Udānālaṅkāra*），犍陀羅語《法句經》（于闐《法句經》和不列顛《法句經》〔二〕），等。〔三〕近代以來，又譯成英、日、德、法、俄、意等文本在世界範圍内廣泛流傳。〔四〕例如魏查理（Charles Willemen）在《漢譯〈法集要頌經〉（*Udānavarga*）（大正藏二一三號）

〔一〕巴利語三藏寫定於公元前一世紀。巴利語《法句經》屬巴利語《小部》（*Khuddakanikāya*）第二部經，是早期佛教的格言詩集。巴利聖典學會的版本（Hinüber, Oscar von, & K. R. Norman. *Dhammapada*. Oxford: Pali Text Soceity, 1995）共四百二十三頌，分二十六品。黄寶生指出，維祇難等漢譯《法句經》第九至三十五品在品名和次序上都可與巴利語《法句經》一一對應。黄寶生：《巴漢對勘〈法句經〉》，中西書局，二〇一五，導言第一、八頁。參見張遠《梵語、巴利語、犍陀羅語佛典研究現狀及前景展望》，《佛學研究》二〇一五年第一期（總第二十四期），第二一六至二一八頁。

〔二〕提摩西·倫茨（Timothy Lenz）在《新發現的犍陀羅語〈法句經〉和佛陀前生故事——不列顛圖書館佉盧文殘片第一六和二五號》中指出，不列顛《法句經》（殘卷）共十五行，包括十三頌，是繼于闐《法句經》之後發現的唯一犍陀羅語《法句經》寫本，與于闐《法句經》中的《比丘品》相對應。二者屬於同一犍陀羅語源的兩個副本。Lenz, Timothy. *A New Version of the Gāndhārī Dharmapada and a Collection of Previous-Birth Stories: British Library Kharoṣṭhī Fragments 16 + 25, Gandhāran Buddhist Texts Vol. 3*. Seattle: University of Washington Press, 2003, pp. 13-15, 18-19. 不列顛《法句經》（殘卷）正文，見第五一至七八頁。參見張遠《梵語、巴利語、犍陀羅語佛典研究現狀及前景展望》，第二二一至二二二頁。

〔三〕《法句經》譯本及「法句體」著作的不同版本，參見黄寶生《巴漢對勘〈法句經〉》，導言，第二至七頁。

〔四〕〔日〕水野弘元：《佛典成立史》，第四一頁。

的英譯》中分析《法句經》《法句譬喻經》《出曜經》和《法集要頌經》所屬的不同部派佛教體系，指出《法集要頌經》的梵語原本與九世紀上半葉流傳的藏譯本非常接近，進而提供了該經的完整英譯。〔一〕

敦煌遺書中保存的二十餘件名爲《法句經》或《佛説法句經》的佛經，實爲中土之人借托佛言編撰而成，既非格言詩集（「法句」），亦非佛陀所言（「經」），與佛教藏經内《法句經》或「法句體」著作並無關聯，亦未收入歷代藏經，僅見於疑僞經録，所幸於敦煌遺書中得以留存。敦煌遺書出土後，收入日本《大正藏》第八五册。爲與藏内同名《法句經》相區别，本書將這部編撰色彩濃厚的經典稱爲「敦煌《法句經》」。

（二）敦煌《法句經》（《寶明菩薩》）

伯二三二五號《法句經疏》第四六四至四六六行稱：「《花首經》言：『衆緣所生法，我説即是空，亦爲是假名，亦是中道義。未曾有一法，不從衆緣生，是故一切法，无不是空者。』」這段話事實上引自《中論》卷四《觀四諦品第二四》：「衆因緣生法，我説即是無，亦爲是假名，亦是中道義。未曾有一法，不從因緣生，是故一切法，無不是空者。」〔二〕《釋浄土群疑論探要記》卷一四：「先列經論，即有十二經一論名等

〔一〕Charles Willemen. A Collection of Important Odes of the Law: The Chinese *Udānavarga Fa ji yao song jing* 法集要頌經（Taisho 213). Berkeley, CA: Institute of Buddhist Studies and BDK America, 2013, pp. 3-18. 參見張遠《梵語、巴利語、犍陀羅語佛典研究現狀及前景展望》，第二一六頁。

〔二〕《中論》（大一五六四），《大正新脩大藏經》（大藏出版株式會社，以下簡稱《大正藏》）第三〇册，第三三頁第二欄第一一至一四行。

者等，取《寶積經》《大悲經》《大般若經》《大集念佛三昧經》《大乘起信論》等。是等經論，泛明念佛如花首等者，明所列諸經，立於異名《花首經》。」〔一〕《花首經》（或《華首經》）並未獨立見於藏經，實爲一些主要大乘經論的異名或代稱，取「衆花之首」之意。

敦煌《法句經》經名之由來，與《花首經》亦有幾分相似，對於佛所言説的經典通稱「法句」，取「宣法成句」之意。如伯二三二五號《法句經疏》第二〇至二一行稱：「今此《經》者，文雖蕳略，義苞群典，衆經之揔要，至極之深法。」又在第三一至三二行稱：「法者，有其四種，謂理、教、行、果。今言法句，則通收四門。」敦煌《法句經》之編撰者取名「法句經」，旨在宣揚這部著作的核心地位。

又，《大唐内典録》及《開元釋教録》中均稱有一部僞《法句經》，共兩卷，其中下卷題名《寶明菩薩》。所指當爲敦煌《法句經》。

《大唐内典録》卷一〇《歷代所出疑僞經録》：「《法句經》兩卷（下卷《寶明菩薩》）。」〔二〕

《開元釋教録》卷一八《僞妄亂真録》：「《法句經》二卷（下卷《寶明菩薩》。時聞多有一卷流行，與

〔一〕《釋淨土群疑論探要記》（國圖八九一四）卷一四，中華電子佛典協會，《國家圖書館善本佛典》第四四册，第八九一四號，第六七六頁第一欄第五至八行。

〔二〕《大唐内典録》（大二一四九）卷一〇，《大正藏》第五五册，第三三五頁第三欄第二三行。

集傳中《法句經》名同文異。此是人造。)」〔一〕

敦煌《法句經》中，貫穿始末的人物正是寶明菩薩。英藏斯四六六六號將第一品題「諸菩薩融心覺序品第一」稱作「寶明菩薩問字品第一」；第二品，不壞諸法菩薩説宿緣品，不壞諸法菩薩是寶明菩薩的別稱；第七品，寶明聽衆等悲不自勝品；第十二品，即爲寶明授記品。寶明菩薩之名號數見於品題。可知現存的敦煌《法句經》，別名《寶明菩薩》。

敦煌《法句經》現存副本，分藏於中、法、日、英等地。其中，中藏十一件，法藏三件，日藏二件，英藏九件，總計二十五件。〔二〕現存副本均未見分卷。北大D一〇三號、北敦一五五六六號、英藏斯三九六八

〔一〕《開元釋教録》（大二一五四）卷一八，《大正藏》第五五册，第六七七頁第一欄第六行。

〔二〕《敦煌學大辭典》（季羡林主編，上海辭書出版社，一九九八，第七四二頁）稱總計十九件。其中稱甘肅省博物館藏一件，有誤。甘肅省博物館所藏，僅見甘博〇〇一號，《法句經卷下》，爲前涼時期藏内《法句經》，首行題名《道行品法句經第廿八》，並非敦煌《法句經》。參見甘肅藏敦煌文獻編委會編《甘肅藏敦煌文獻》（第四卷），甘肅人民出版社，一九九九，第一至三、三六八至三六九頁。另，《敦煌遺書總目索引新編》（敦煌研究院編，中華書局，二〇〇〇）索引，第六二頁，《佛説法句經》條所列「斯二六九二號」並非敦煌《法句經》，而是《佛説法王經》；「伯二一九二號」爲敦煌《法句經》的注釋本。又，《索引新編》索引，第一〇一頁，《法句經》條所列「伯二三八一號」並非敦煌《法句經》，而是藏内《法句經》古寫本；「伯三〇八六號」是《法句譬喻經》；「北八七二七號（河〇〇一號）」亦爲《法句譬喻經》。敦煌《法句經》現存副本情況，參見張遠《敦煌遺書〈法句經〉略考》，《世界宗教文化》二〇二〇年第五期，第一五二至一五九頁。

號未分品，亦無品題，其中北大D一〇三號爲未分品之全本；北敦〇三六四五號[一]、日本出口氏藏吐魯番文書二三四號爲未見品題之殘卷；北敦〇三一二三號、北敦〇二五八〇號、北敦〇三六四六號、北敦〇三四二一號、北敦〇三四二四號、北敦〇三四一七號、臺中圖一一九C、津圖〇六七號[二]、法藏伯二三〇八號、法藏伯三九二二A、法藏伯三九二四B、日本書道博物館藏九〇號、英藏斯三三號、英藏斯八三七號、英藏斯二〇二一號、英藏斯四一〇六號、英藏斯四六六六號有品題，其中法藏伯二三〇八號、書道博物館藏九〇號爲包含十四品題之全本。此經最初的流傳形態很可能並未分品，品題爲傳誦過程中爲方便講習而補入。[三]

[一] 北敦〇三六四五號與包含品題的殘卷斯三三號、北敦〇三六四六號、北敦〇三四二一號、北敦〇三四二四號、北敦〇三四一七號等可相互綴合，實爲同一件寫卷分割而成，因而其應屬分品的傳本系統。

[二] 未見影印版。《天津圖書館藏敦煌遺書目録》（季羨林、饒宗頤主編《敦煌吐魯番研究》第八卷，中華書局，二〇〇五，第三二七頁）稱，首尾俱殘，内容爲《大正藏》第八五册，大二九〇一《法句經》，第一四三四頁第二欄第一七行至第三欄第七行。與對照本略有參差。據此推測，津圖〇六七號很可能包含品題「煩惱即菩提品第九」。

[三] 曹凌認爲，敦煌《法句經》可分成以北大D一〇三號爲代表的不分品的形態和以伯二三〇八號爲代表的分爲十四品的形態。從其各品字數極不均衡及部分品題和文字内容並不匹配的情況來看，可能此經最早出現的是不分品的形態，而分品的形態爲後代改作。參見曹凌編著《中國佛教疑僞經綜録》，上海古籍出版社，二〇一一，第三〇〇頁。

全十四品題[一]及各品梗概如下。諸菩薩融心覺序品第一：佛陀在日月宫中，菩薩、僧衆、俗衆等悉來集會，寶明菩薩也在其中。不壞諸法菩薩説宿緣品第二：寶明菩薩原名「等賢比丘」，後號「不壞諸法」，上前問佛陀「寶明」之號由來。佛陀以「説食尋飽，不須食故」爲喻，説名字性空。觀聲性空證實際品第三：佛陀以「及其睡時，見身飛行」爲喻，説聲性空。觀三處空得菩提品第四：佛陀以陽焰、夜夢，及空谷響、芭蕉堅[二]、水中月、空中花、石女兒、電久住[三]、水龜毛、走兔角爲喻，説「内、外、中間」三處性空。親近真善知識品第五：佛陀總釋善知識，並勸衆生親近。廿一種譬喻善知識品第六：佛陀以二十一種譬喻釋善知識。寶明聽衆等悲不自勝品第七：寶明菩薩等衆得聞深法，念及未曾報善知識恩，舉聲大慟，震撼三界。普光莊嚴菩薩等證信品第八：普光莊嚴菩薩等衆前來集會，請問親近善知識法。煩惱即菩提品第九：佛陀以堅船渡大海、執仗行險路、寶服妙藥、獅子王、須彌山、金翅鳥爲喻，説煩惱即菩提，依善知識得度。求善知識不惜内外壽命嫌疑品第十：佛陀説應不惜身命、不起疑惑供養善知識。普光問如來慈偈答品第十一：佛陀以二十四偈爲普光莊嚴菩薩等衆説甚深法句。即爲寶明授記品第十二：佛陀爲寶明菩薩授記。傳持品第十三：文殊師利菩薩問聞經因緣，佛陀答聞

〔一〕全十四品題底本使用日本書道博物館藏九〇號。

〔二〕參見疏文第二五六行及注釋，疏及《法句經》均略作此。

〔三〕參見疏文第二六七至二六八行，疏略作此。

經功德，稱修行至八地之上方可得聞。護經如眼寧喪身命不怠品第十四：佛陀説應守護、奉行此經。

（三）敦煌遺書中的五件《法句經疏》

敦煌《法句經》疏本，存有五件，分別爲英藏斯六二二〇號，法藏伯二一九二號，日本杏雨書屋藏第七三六號，日本杏雨書屋藏第二八五號，法藏伯二三二五號。前四件均爲殘卷。僅伯二三二五號《法句經疏》首尾俱全。

第一件，英藏斯六二二〇號《法句經疏》（殘卷）。長二十五點五釐米。首尾俱殘。未出現經名。僅存十七行。第一至五行、第一六至一七行亦殘缺不全。第一四至一五行有「故言《仏説法句經》一卷也」的表述。所存内容與法藏伯二三二五號《法句經疏》第二九至四四行基本一致。〔一〕本書稱之爲英藏斯六二二〇號《法句經疏》（殘卷）。

第二件，法藏伯二一九二號《法句經疏》（擬，殘卷）〔二〕。長兩千二百三十五點六釐米，寬二十六點三釐米至二十八點四釐米。首殘尾全。存一千五百三十三行。尾題：《佛説法句經》一卷。實則並非敦煌《法

〔一〕寫卷影印版見黄永武主编《敦煌寶藏》第四五册，新文豐出版公司，一九八二，第一三五頁。參見《索引新編》，索引第一〇一頁，正文第一九二頁。《敦煌寶藏》及《索引新編》均擬題名《法句經疏釋》。實與法藏伯二三二五號《法句經疏》基本一致，僅少數字詞略有出入。

〔二〕參見《索引新編》，索引第六二頁。《索引新編》名之爲《佛説法句經》，實爲敦煌《法句經》的注釋本，此處依季羡林先生主編之《敦煌學大辭典》擬名爲《法句經疏》。

句經》正文，而是對敦煌《法句經》（不同於法藏伯二三二五號及英藏斯六二二〇號的另一種版本）的注釋，篇幅宏大，又細緻入微，是研究敦煌《法句經》及其流傳的重要資料。研究者從用語考察，認爲該疏文約形成於七世紀中葉。疏中引用其他經論六十餘處。注明出處者，有《究竟大悲經》《諸法無行經》《持心梵天所問經》《浄名經》《楞伽經》等，可考者有《二入四行論》等。反映出一定程度的禪宗傾向。卷尾有題記，謂：「辰年六月十一日勘校了，有學者達理而悟道。」該疏未見於歷代經録，亦未被歷代藏經所收。本書稱之爲法藏伯二一九二號《法句經疏》（擬，殘卷）。

第三件，日本杏雨書屋藏第七三六號《佛説法句經疏》（殘卷）。長一百二十七點二釐米，寬二十七點九釐米。首尾俱殘。存八十八行。第八三至八八行前部亦殘缺不全。所存内容大致爲對敦煌《法句經》第一品、第二品之注疏。〔一〕似未見於現存其他版本之《法句經疏》。日本學者田中良昭等將之歸入禪宗系。〔二〕

第四件，日本杏雨書屋藏第二八五號《佛説法句經并法句經疏》（殘卷）。長一千六百五十六點五釐米，寬二十八點五釐米。首殘尾全。存一千一百餘行。尾題：《佛説法句經》一卷。所存内容大致爲對敦煌《法

〔一〕寫卷影印版見武田科学振興財団杏雨書屋編《敦煌秘笈》第四册，武田科学振興財团，二〇一二，第二四八至二五〇頁。

〔二〕田中良昭、程正：《敦煌禪宗文獻分類目録（三）注抄・僞經論類（二）》，載《駒澤大學佛教學部論集（第四十四號）》，二〇一三，第四五八頁。

句經》第三品至第十四品之注疏。〔一〕其中，部分内容爲敦煌《法句經》正文，部分内容與法藏伯二一九二號《法句經疏》（擬，殘卷）相一致。田中良昭等亦將之歸入禪宗系。〔二〕

第五件，法藏伯二三二五號《法句經疏》，是現存唯一的對於敦煌《法句經》的完整注疏，具有無可替代的學術價值，也是本書着重探討的對象。以下擬從寫卷概覽、書寫特色、結構、内容、學術價值等方面，擇要考察伯二三二五號《法句經疏》。

二、伯二三二五號《法句經疏》概覽

法藏敦煌遺書伯二三二五號寫卷，卷軸裝，二十二紙，共五百九十二行。主體部分爲中文草書。第一紙爲後補之隸書，第二至二十二紙主體部分爲草書，間有行書、楷書。總長八百七十釐米，寬二十七點二釐米至二十八點九釐米。其中第一紙長三十八點五釐米，第二紙長十二點三釐米，第三至二十二紙長四十點七釐

〔一〕寫卷影印版見《敦煌秘笈》第九册，第二六七至二八七頁。

〔二〕田中良昭、程正：《敦煌禪宗文獻分類目録（三）注抄・僞經論類（二）》，載《駒澤大學佛教學部論集（第四十四號）》，二〇一三，第四五八頁。

米至四十一點二釐米不等。紙間有剪裁和粘貼的痕迹。寫卷邊緣有受潮的痕迹和水漬。〔一〕第二紙應爲寫卷最初形態之第一紙，長度原爲四十一釐米上下，缺損後殘存十二點三釐米，以隸書所書之第一紙補之。寫卷第一至五七一行，爲《法句經疏》一卷。首尾俱全。首題：《法句經疏》。尾題：《法句經疏》一卷。除去首題行（第一行）四字，正文末行（第五六九行）十三字，空行（第五七〇行），尾題行（第五七一行）六字，每行十八至二十八字不等。全文共五百七十一行，不含文側標注共計一萬三千九百八十八字。第五七一行尾題「法句經疏一卷」之後，至第五八七行，爲《金剛五禮》一卷。第五八七至五九二行，是一段介紹佛陀生平和三十二相的文字，其後缺損。寫卷後部的背面還有一些包括梵語語法在內的零散文字，筆迹潦草，書寫凌亂，間有大量空行，很多地方僅列出標題或關鍵字詞，似爲尚未補齊的聽課筆記。令人激動的是，伯二三二五號寫卷雖然尾部存在缺損，《法句經疏》文本却非常完整。對於伯二三二五號寫卷中與《法句绝經疏》無關的内容，本書暫不詳考。

敦煌《法句經》及伯二三二五號《法句經疏》作者不詳。現存寫卷中均未出現著者、疏者或譯者之名。法藏伯二三〇八號《法句經》第一行題署「《法句經》德真寺比丘僧樂真注」〔二〕之樂真比丘或許是《法句經

〔一〕參見「國際敦煌項目」數據庫（http://idp.bl.uk）伯二三二五。

〔二〕寫卷影印版見「國際敦煌項目」數據庫（http://idp.bl.uk）伯二三〇八。

疏》的作者，亦可能與敦煌《法句經》的作者有關。另在法藏伯二一九二號《法句經疏》（擬，殘卷）卷尾有題記，謂：「辰年六月十一日勘校了，有學者達理而悟道。」從伯二三二五號《法句經疏》行文可知，疏者是一位大乘學者，對部派佛教的一些教義持批判態度。日本學者水野弘元認爲疏文約産生於七世紀中葉，作者可能與攝論學派有關。宇井百壽也提出該書之禪宗風格，或非禪宗系人所作。〔一〕

敦煌遺書出土後，伯二三二五號《法句經疏》被收入日本《大正藏》第八五册，大二九〇二《法句經疏》，第一四三五頁第三欄第七行至一四四五頁第一欄第六行。疏文第六行至第二二行第一九字未見於《大正藏》録文，且字詞斷句訛誤頗多。本書釋校部分已對《大正藏》内《法句經疏》（大二九〇二）録文中出現的訛誤逐一更正、加注。

三、伯二三二五號《法句經疏》書寫特色

伯二三二五號《法句經疏》寫卷起首部分（第一紙，第一至二四行）紙張顔色較深，無邊白，邊緣不規則，以中文隸書形式書寫，字迹工整，字體扁大，筆畫粗重，略顯笨拙。爲後人補書。寫卷主體部分（第二

〔一〕《敦煌學大辭典》，第七四二頁。參見任繼愈主編《佛教大辭典》，江蘇古籍出版社，二〇〇二，第八二八頁。

至二二紙，第二五至五七一行）紙張顔色較淺，有邊白，以中文草書形式書寫，字迹清晰，字體嬌小，筆畫纖細，運筆流暢。寫卷字形隨意性强，異體字頻出，同一個字甚至可以出現多達五種不同的寫法。在正文右側、左側或下方，常有補充或修改的痕迹。原文草書字迹難以辨認之處，寫録講習經疏的僧人們還會淺墨楷書於文側以便理解。然寫卷的書寫者和淺墨旁書者並非一人，而旁書者們又很可能不諳草書，故而難免誤釋。例如第三八四行第三字，原文爲草書字「客」，右側淺墨楷書誤釋爲「容」；第三九九行第一二字，原文爲與現代簡體字同形之草書字「會」，右側楷書誤釋爲「念」。從紙張的顔色，墨迹的深淺，運筆的差異，筆畫的粗細，字體、字形、同一個字的不同寫法，以及正文間隙的注釋、筆記或改字來看，伯二三二五號《法句經疏》不僅書寫者不止一人，還有多人標注、補書的痕迹，接力書寫者至少有數十人，甚至可達數百人之多，寫録時間亦不盡相同。

伯二三二五號《法句經疏》作爲一部獨一無二的敦煌草書寫卷，具有五大特點。

第一，與現代簡體字形同或形近的草書字與正體繁體字並存。有些字通篇使用草書字，有些字草書字與繁體正字混用，還存在同一個字部分草書化的情况，比較常見的是「訁」、「見」、「貝」等偏旁部首的草書化。這一現象與敦煌草書的書寫特色緊密相關，一些草書字的楷體化，是現代簡體字的重要來源。

除「无」（二）〔一〕、「断」（二）、「借」（九）、「万」（一四）、「号」（二四）、「属」（三四）、「随」（五八）、「辞」（六〇）、「与」（八四）、「决」（九五）、「并」（一〇六）、「况」（一三九）、「乱」（一七九）、「瞩」（一八一）、「盖」（二四八）、「盗」（三〇三）、「强」（三六四）、「弥」（四四二）、「静」（五一五）、「嘱」（五五六）這些形同現代簡體字之古代用字外，寫卷中隨處可見與現代簡體字形同或者形近的草書字或草書俗體字〔二〕。例如：「来」（七）、「废」（一三）、「陈」（二五）、「为」（二五）、「觉」（二六）、「则」（二八）、「乐」（三〇）、「尽」（三七）、「时」（四三）、「发*」（五〇）、「书」（五三）、「见」（五七）、「学」（五八）、「师」（六一）、「违」（六一）、「传」（六二）、「烦」（六五）、「应」（六八）、「财」（七六）、「马」（七六）、「报」（七八）、「问」（八三）、「勑」（九一）、「论」（九六）、「会」（九九）、「东」（一〇〇）、「着」（一〇八）、「责」（一二五）、「腾」（一三五）、「约」（一五三）、「转」（二一五）、「热」（二二二）、「坚*」（二五六）、「长」（三二七）、「绝」（四三四）、「觅」（五〇四）等。以及與偏旁「言」之草書寫法相關聯的草書字，例如：「说*」（二五）、「谈」（二六）、「辩」（二八）、「记」（三一）、「谓」（三二）、「诠」（三三）、「诸」（三七）、「讬*」（四六）、「诤」（五三）、「请」（八〇）、「诘」（八九）、「谬」（九二）、「诳」（一四八）、「计」

〔一〕括號中數字表示疏文中首現之行號，下同。

〔二〕以下以*表示草書俗體字。

（一五五）、「调」（二二二）、「诲」（三四五）、「诣」（四〇四）、「诵」（四五六）等。這種草書字與繁體正字混用的情況，甚至會在同一行出現。例如：第一二八行，先後使用了形同「为」的草書字「爲」和繁體字「為」；第一五七行，先後使用了偏旁不完全草書化的「識」和偏旁草書化的「识」。還有些字，同時出現正字、草書字和部分草書化的情況。例如：「論」字，在寫卷中有三種寫法，包括正字「論」，草書字「论」，和僅偏旁草書化的草書字。

第二，正字與俗體字並存。

例如，「就」與「就」，「曜」與「曜」，「因」與「囙」，「衆」與「眾」等，並存。

第三，俗體字頻出。

寫卷中還留有許多具有敦煌草書特色的俗體字。例如「㝵」（礙）、「扷」（拔）、「偹」（備）、「閇」（閉）、「蔽」（蔽）、「筞」（策）、「荖」（差）、「緾」（纏）、「舩」（船）、「牒」（牒）、「恶」（惡）、「對」（剛）、「刅」（功）、「皷」（鼓）、「軓」（軌）、「懐」（懷）、「壊」（壞）、「恵」（惠）、「昬」（昏）、「壃」（疆）、「刧」（劫）、「戒」（戒）、「竸」（競）、「摅」（據）、「窂」（牢）、「樑」（梁）、「恡」（悋）、「狠」（貌）、「藐」（藐）、「嘿」（默）、「尼」（尼）、「湼」（涅）、「秖」（衹）、「啓」（啓）、「槗」（橋）、「叅」（參）、「繩」（繩）、「寔」（實）、「數」（數）、「順」（順）、「碎」（碎）、「檀」（檀）、「罔」（罔）、「網」（網）、「悉」（悉）、「繫」（繫）、「脩」（修）、「猒」（厭）、「囙」（因）、「滛」（淫）、「永」（永）、「圎」（圓）、「菀」（苑）、「珎」（珍）、「㝡」（最）等。

又如：「尔」的俗體字「佘」和「尓」，「寂」的俗體字「宋」和「家」，「冥」的俗體字「寞」和「寘」，「惱」的俗體字「惚」和「熜」，「憑」的俗體字「撵」和「淍」，「總」的俗體字「捴」和「捻」，兩種寫法並存。

更爲典型的是多筆畫或少筆畫的俗體字。俗體字多一點，如：「塵」（塵）、「伎」（伎）、「墨」（墨）、「眠」（眠）、「社」（社）、「氏」（氏）、「堂」（堂）、「圡」（土）、「託」（託）、「挽」（挽）、「夭」（夭）、「犮」（友）、「壯」（壯）、「墜」（墜）；俗體字少一點，如：「良」（良）、「流」（流）、「疏」（疏）、「菟」（菟，兔）、「冝」（宜）；俗體字多一横，如「怨」（怨）；俗體字少一横，如「害」（害）、「卄」（廿）；俗體字多一撇，如「凡」（凡）、「汎」（汎，泛）；俗體字少一撇，如「毘」（卑）、「醜」（醜）等。

還有偏旁「彳」與「氵」的混用，例如將「得」寫作「淂」，將「復」寫作「澓」；作爲偏旁或字中結構的「日」、「月」、「目」的混用，如「曜」（曜）、「閒」（間）；作爲偏旁的竹字頭「⺮」與草字頭「艹」的混用〔一〕，如「蕑」（簡）、「蕳」（簡）、「荨」（等）；「疒」與「广」混用，如「癡」（癡）；以「朩」替代字中結構之「火」，如：草書俗體字「焚」（形作「棼」）、草書俗體字「㲱」（形作「𣝗」）；以及字中結構的調整或部分錯位現象，如：「胷」（胸）、「蘓」（蘇）、「鄣」（障）等。

第四，草書字形楷化字及簡化字頻出。

〔一〕敦煌《法句經》副本中常見荅（答）、荨（等）、苐（第）等。

疏文中出現的草書字形楷化字，在上述與現代簡體字形同或者形近的草書字或草書俗體字之外，還有：「泺」（深）（三〇）、「区」（五）（三五）、「釆」（舉）（四〇）、「寸」（等／等）（四七）、「𫝀」（易）（三一二）、「崄」（嶮）（四三二），等。草書簡化字，例如：將「心」字底略作一橫；將「菩薩」合文作「卄」或將「菩提」略作「𦬇」。又如：將「下」簡寫爲「丷」；「當」字，除少數情況使用正字（如第二三八行），多使用草書簡化字；「行」，除少數地方使用正字（如第三六九，三七〇，四一三行），多使用草書簡化字；「聞」之草書簡化字形近「冲」，正字與草書簡化字並存，甚至在同一行（如第五三，四〇七行）出現；「亦」，有時使用草書簡化字，還有時使用通假字「衣」。

第五，通假字頻出。

通假字的情況也比較普遍。例如「或」字，常用來替代「惑」；「苞」替代「包」；「煞」替代「殺」；「妄」替代「忘」；「知」、「智」混用；「楊」、「揚」、「陽」混用；「辯」、「辨」混用（常寫作俗體字「弁」）；「衣」、「亦」混用，「衣」字，除了自己的本義（如第三五一，三五三，四三八行），有時通「亦」（如第一三二，一三六，一七八，一八〇，四三四，四六九行）；還數見與偏旁「亻」相關之通假字，如「傍」（第二三二行）通「旁」，「亭」（第二六八行）通「停」，「像」（第五一八行）通「象」，俗體字「值」（第五六二行）通「植」，等。

同一個字在敦煌寫卷中的不同異寫，有時是因爲不同寫手書寫習慣的差異，比如「尔」的俗體字「尒」

和「尔」或「總」的俗體字「揔」和「捴」；有時具有一定的隨意性，比如偏旁「言」與草書化偏旁「讠」的混用；還有時是因爲古代漢語裏的不同字在現代漢語中被合併成了同一個字，而在古代漢語裏，不同的書寫方式表達不同含義。例如「號」字，在表示「稱號」時，草書字往往使用「号」；而在表示「號哭」時，則使用俗體字「㖾」。

伯二三二五號《法句經疏》的寫録者或許没有受到很多教育，然而他們已盡自己最大的努力，懷着虔誠的信仰，在寫經接力中，在一次次的校勘和注釋中，完成了這部萬餘字經疏的記録，留給了我們這份品質較高的寫卷，也是這部《法句經疏》唯一傳世的完整記録。

四、伯二三二五號《法句經疏》結構與内容

敦煌《法句經》全文五千餘字，以寶明菩薩問名號由來起始，分兩會説法，以佛陀爲寶明菩薩授記作結，並説聞經因緣，應奉行此經，護經如眼。這部有趣的小經頗具文學性和可讀性，結構嚴謹，層層深入，懸念疊出，引人入勝。全經用喻達四十二處之多，例如第四品「如空谷嚮、如芭蕉堅、如水中月、如空中華、如石女兒、如電久住、如水龜毛、如走兔角」八喻證「究竟無實」；第六品「善知識者是汝父母，養

育汝等菩提身故」等二十一種譬喻善知識；以及第九品「譬如有人持堅牢船，度於大海，不動身心而到彼岸」[一]等六喻，證善友自利、利人，所度衆生依之獲益。敦煌《法句經》從第二品寶明菩薩問名字由來，引出佛陀説名字空、聲空、三處空等，進而説親近善知識法，在第七品佛陀第一會説法結束時有一個小高潮，並在第十二品佛陀第二會説法完成時到達全經高潮。[二]

伯二三二五號《法句經疏》疏文篇幅約是敦煌《法句經》的三倍，逐句注釋其品題之外的正文，包括結構性闡釋與專名釋義，結構嚴謹，框架明晰。卷首總論，「略知教所在」，先逐字釋題名《佛説法句經》，後稱「自下釋文，大判有三」，分明序分、辯正宗、流通分三門釋義疏文。全疏均採用先總論，再分釋的形式。疏文的内部結構在一些地方相當繁瑣，細至句詞，條分縷析，邏輯層級甚至可達十數層之多。

伯二三二五號《法句經疏》疏文有許多段落引用或化用自大乘經典，旁徵博引，宣示義理。這使得疏文内容龐雜，淺顯易讀，即使不甚瞭解佛教義理的讀者也趣味盎然。所引論著除了敦煌《法句經》，還包括：《大般若波羅蜜多經》(《疏》中簡稱《經》或《大品》)，《大乘起信論》(《疏》中簡稱《起信論》或《論》)，

[一]《大正藏》内《法句經》録文有誤。參見北大藏D一〇三《佛説法句經》圖版一二－八(《北京大學圖書館藏敦煌文獻②》，上海古籍出版社，一九九五，第六四頁)。

[二] 敦煌《法句經》概況，參見張遠《敦煌遺書〈法句經〉略考》，《世界宗教文化》二〇二〇年第五期，第一五二至一五九頁。

《大智度論》（《疏》中簡稱《智度論》或《智論》），《廣弘明集》（《疏》中簡稱《廣》），《攝大乘論》（《疏》中簡稱《攝論》），《中論》（《疏》中常簡稱爲《論》，別名《花首經》），《百論》，《諸法無行經》（《疏》中簡稱《無行經》），《維摩詰所説經》（《疏》中稱《浄名經》〔一〕）等。有些引文依照原文逐字引用，有些則對原文做了縮略或概述。

五、伯二三二五號《法句經疏》之學術價值

疑僞經在佛教中國化的進程中應運而生，是外來宗教匯入、中國佛教發展和中印文化交流的寶貴遺産，其實質是中印文化的深層互動。〔二〕一直以來，佛教和佛經研究重視和突出所謂「原典」，輕視非原典；重視印度，輕視印度以外的地區；重視被視爲原典的巴利文、梵文經典，輕視翻譯的經典，特別是漢譯經典。〔三〕

〔一〕《浄名經》爲《維摩詰所説經》之別稱。維摩詰居士，梵語爲 vimala-kīrti，vimala 義爲「無垢」，kīrti 義爲「美名」，意譯爲「無垢稱」或「浄名」。鳩摩羅什譯《維摩詰所説經》，玄奘譯爲《説無垢稱經》，又名《浄名經》。

〔二〕方廣錩：《從「文化匯流」談中國佛教史上的疑僞經現象》，載方廣錩主編《佛教文獻研究》（第一輯），廣西師範大學出版社，二〇一六，第二四、四七頁。

〔三〕王邦維：《疑僞經研究：從真問題到假問題再到真問題》，載方廣錩主編《佛教文獻研究》（第一輯），第一七六頁。

當疑僞經現象從宗教領域走入學術視野，原本被視爲「今宜秘寢，以救世患」的疑僞經，因其能反映當時當地社會及思想的真實形態而成爲研究者眼中重要的佛教研究資料。〔一〕這也是敦煌《法句經》在佛教研究和疑僞經研究的背景之下，對於考察佛教傳入中國和被國人接納的過程中反映出的社會、歷史、文化問題所具有的重要價值。作爲現存唯一的對敦煌《法句經》的完整注疏，伯二三二五號《法句經疏》在研究敦煌《法句經》的流傳，大乘空觀和般若思想的演變，攝論宗等中國部派佛教的沿革，禪宗的形成與發展，佛教與中國文人的關聯，乃至敦煌寫卷特别是敦煌草書寫卷的書寫特色等方面，都具有不可替代的學術價值。

第一，伯二三二五號《法句經疏》是研究敦煌《法句經》的重要史料，有助於考察佛教典籍的接受、漢化與流傳，亦可與另外四件注疏殘卷互參。

敦煌《法句經》雖有别於藏内《法句經》，然而從現存二十餘件副本和若干疏文，足以見出當時人們對它的喜愛和重視，其傳播之廣和影響之深在特定時期甚至可能超過了藏内《法句經》。正如陳寅恪先生在《敦煌本心王投陀經及法句經跋尾》中所述：「倫敦博物館藏敦煌寫本……斯坦因第貳仟貳壹號佛説法句經一卷。又，巴黎國民圖書館藏敦煌寫本伯希和第貳叁貳伍號法句經疏一卷，今俱刊入大正續藏疑似部

〔一〕方廣錩：《從「文化匯流」談中國佛教史上的疑僞經現象》，載方廣錩主編《佛教文獻研究》（第一輯），第四〇頁。

中……經文雖僞撰，而李唐初葉即已流行民間矣。」[一] 作爲現存唯一的對敦煌《法句經》的完整注疏，伯二三二五號《法句經疏》是研究敦煌《法句經》及其流傳的不可多得的重要史料，對於考察唐代佛教發展狀況、中土對於佛經的接受歷史以及「僞經」或編譯經在佛教典籍的漢化與流傳過程中的地位和作用等方面意義匪淺。

第二，藏内《法句經》爲小乘經典，而敦煌《法句經》則屬大乘。伯二三二五號《法句經疏》不僅宣揚大乘精神，還受到般若思想的影響。

敦煌《法句經》第二、三、四品，均爲闡釋大乘空觀思想，説諸法性空。第九品則稱「煩惱即菩提」。這些大乘思想已然深入漢地。疏文第一四至二一行將敦煌《法句經》歸入「大乘滿字教門」，稱：「雖復八万異徒十二事，則經論所明辯其二種。其二是何？一者，大乘滿字教門。二謂半字教門。大乘滿字教門者，辯其性法二空，无作因果，義足言周，理事俻舉，説應大機，進成大行，運物中極，故名『大乘』。言周義足，稱為滿字。小乘半字教門者，徧明生空，有作四諦，談因果未窮，理事未俻，説應小機，進成小行，運物未極，故曰『小乘』。言局義隱，名為半字。今此《経》者，文雖蕳略，義苞群典，衆経之揔要，至極之深法，即是大乘滿字教門。」這種「大判唯二」的説法，見於《金剛般若義記》：「大判唯二。一曰大乘

[一] 陳寅恪：《金明館叢稿二編》，生活·讀書·新知三聯書店，二〇〇一，第二〇一頁。

滿字法門。二曰小乘半字法門。大乘滿字法者，如來始從得道，終至涅曰。大行之徒，諸菩薩等，說《華嚴》《十地》《大雲》《法鼓》《摩訶般若》《大集》《涅槃》，如是無量諸修多羅海。是等諸經，皆辨生法二空，無作四諦，説應大機，進成大行，運物中極，故曰『大乘滿字』。言周義足，稱曰『滿字』。小乘半字教者，如來始欲鹿苑，終至娑婆羅。爲聲聞緣覺，小行之徒，説戒律毗曇，阿含雜藏，如是無量小乘契經。是等諸經，但明生空，及有作四諦，説應小機，進成小行，運物未極，稱曰『小乘』。言局義隱，名爲『半字』。」〔一〕或可見出唐朝般若思想的演變。

第三，伯二三二五號《法句經疏》不僅具有大乘攝論學派的諸多特色，同時也爲研究中國部派佛教的發展提供了重要材料與佐證。

例如疏文第三三三至三四〇行稱：「諸仏菩薩證之究竟，了知衆生与己同體，愍而不已，發大慈悲，遂語衆生：『汝之身心，本來无生，究竟寂滅，与我无別。何故自生迷或，沉溺三有？』然，以衆生謂有，念動生滅，我所差別，目属无明心之解了功力，猶是本覺。用諸仏菩薩所有言教，從寂清浄法界慈悲心流，亦是本覺。用此二體同，而復用融。以體同用融故，聞便信受。隨分思量，久思不已，遂悟自心，緣境故生。生由於境，則起不屬心，未曾是生。境不自生，復從心起，雖非是生，亦不是滅。既无生、无滅，本來

〔一〕《金剛般若義記》（大二七四〇），《大正藏》第八五册，第一三七頁第三欄第二二行至第一三八頁第一欄第四行。

空寂，豈非涅槃？」小乘立「眼、耳、鼻、舌、身、意」六識；大乘唯識等宗立八識，爲上述六識加上「末那識」和「阿賴耶識」；而攝論宗復舉第九識「阿摩羅識」，梵語爲 amalavijñāna，意譯作「無垢識」，也就是疏文中所稱之「本覺」。

又如疏文釋「空」的部分，第一五五至一五九行，討論了「毗曇人」、「成實人」及「大乘學者」的三種觀點：「申理正破，但執見不同。汎説有三。初一是毗曇人計，謂浄色爲眼，非實，天眼所見，是不鄣导有對色。識住眼中，以瞻諸塵，名自分眼見色。弟二，成實人計。識在眼門，分别青黄，即以識爲見。弟三，大乘學者，随文取義立，根塵和合，方能見色。良由未達深旨，各随已執，計法有性，並云能見也。」「毗曇」是「阿毗曇」之略稱，梵語爲 abhidharma，又譯「阿毗達磨」，義爲「對法」，原是佛教三藏中論藏的總稱。此處指以《阿毗達磨俱舍論》《阿毗達磨大毗婆沙論》等論藏爲宗旨的毗曇宗。疏文否定毗曇宗人「分眼見色」和成實宗人「以識爲見」的觀點，肯定大乘學者之「根塵和合，方能見色」。

第四，敦煌《法句經》對中國禪宗影響深遠，伯二三二五號《法句經疏》亦具有禪宗色彩，爲研究中國禪宗的形成與發展提供了新的視角。

敦煌《法句經》自唐代以來不僅被浄土、華嚴等諸多宗派的佛教理論家援引，尤其受到禪家重視，見於衆多禪宗語録，如《歷代法寶記》《禪源諸詮集都序》《宗鏡録》《五燈會元》《聯燈會要》《頓悟入道要門論》

《圓覺經大疏》《達磨禪師論》《禪林僧寶傳》《指月録》等，産生過較大影響。〔一〕

伯二三二五號《法句經疏》開篇（第二至五行）稱：「夫至理无言，稱謂斯斷，玄宗幽寂，心行莫緣。稱謂斯断故，則有言傷其旨。心行莫緣故，則作意失其真。所以掩室摩竭，用启息言之際，杜口毗耶，以通淂意之路。斯皆理為神御故。聖以之嘿，豈曰无辯？辯所不能言也！」東晉（後秦）僧肇著《肇論》中有類似表述：「然則言之者失其真，知之者反其愚，有之者乖其性，無之者傷其軀。所以釋迦掩室於摩竭，浄名杜口於毗耶，須菩提唱無説以顯道，釋梵絶聽而雨華；斯皆理爲神御，故口以之而默，豈曰無辯？辯所不能言也。」〔二〕掩室摩竭，義爲世尊釋迦牟尼掩室於摩竭〔三〕，指以坐思的方式説法。掩室，即閉門不出。杜口毗耶，義爲維摩詰（浄名）居士杜口於毗耶〔四〕，指以不語的方式説法。杜口，即緘口不言。二者均頗具禪宗色彩。

又如《五燈會元》卷二稱：「《法句經》云：『若起精進心，是妄非精進。若能心不妄，精進無有

〔一〕參見曹凌編著《中國佛教疑僞經綜録》，第二八九至三〇〇頁；《敦煌學大辭典》，第七四二頁；《佛教大辭典》，第八二八頁。

〔二〕《肇論》（大一八五八），《大正藏》第四五册，第一五七頁第三欄第一一至一六行。

〔三〕摩竭，印度古國名，即摩竭（揭）陀國之略稱，梵語爲 magadha。

〔四〕毗耶，印度古國名，即毗耶離（又譯毗舍離）國之略稱，意譯爲廣嚴城，梵語爲 vaiśālī。

涯。』」〔一〕即是引自敦煌《法句經》第十四品第十四頌：「若起精進心，是妄非精進，若能心不妄，精進無有崖。」對於此偈及第十三偈，伯二三二五號《法句經疏》第五〇七至五一三行注解稱：「初一偈半，明説所爲。但未得謂得，名增上慢。仏爲此人説涅槃大果，非精進不剋。然，衆生存有所得，斯並虚妄，何精進！故也云『若起精心，是妄非精』也。下半偈，次明智者了知，生死涅槃，因緣幻起，從本一如，究竟空寂。故《大品》云：『縱令有法過於此者，尚談如幻，何况涅槃？』是則心外无法，竟无所得。法外无心，復无能得。能所平等，進而无懈。行合理成，不可以限而爲量。故言『若能心不妄，精進无有崖』也。」經文及疏文均契合禪宗的精進思想，飽含禪宗色彩。

第五，通過《法句經疏》研究敦煌《法句經》，有助於加深理解佛教與中國文人的關聯及彼時文學創作的風格與取向。

中國文人亦受到敦煌《法句經》的影響。陳寅恪先生在《敦煌本心王投陀經及法句經跋尾》中指出：

鐵琴銅劍樓本白氏文集貳和答元微之詩十首之一和思歸樂云：

身委逍遥篇，心付頭陁經。

〔一〕《五燈會元》（續一五六五），《卍新續藏》第八〇册，第五四頁第三欄第二四行至第五五頁第一欄第一行。

同書壹肆和〔元微之〕夢遊春詩一百韻結句云：

法句與心王，期君日三復。

自注云：

微之常以法句及心王頭陀經相示，故申言以卒其志也。

寅恪昔日讀白詩至此，以未能得其確詁爲憾。今見此佚籍，始知白詩之心王頭陀經即敦煌寫本之佛爲心王菩薩説投陀經，至其所謂法句經，即敦煌寫本之僞法句經，復是一僞書，而非今佛藏所收吴晉以來相傳之舊本也。〔一〕

並在《元白詩箋證稿》中稱：

夫元白二公自許禪梵之學，叮嚀反復於此二經。今日得見此二書，其淺陋鄙俚如此，則二公之佛學造詣，可以推知矣。〔二〕

〔一〕陳寅恪：《金明館叢稿二編》，第二〇一至二〇二頁。

〔二〕陳寅恪：《元白詩箋證稿》，生活·讀書·新知三聯書店，二〇〇一，第一〇三頁。

白居易和元稹所讀之《法句經》，均爲敦煌《法句經》。元白就此經切磋交流，吟詩相和，也可見出二人對於敦煌《法句經》的喜愛。如前文所述，敦煌《法句經》頗具文學性和可讀性，妙喻連珠，淺顯易懂，起承轉合，引人入勝。其或許如陳寅恪先生所述，在佛學造詣上「淺陋鄙俚」，然而從佛教文學創作與影響傳播的角度，則實非「下品」。這也是敦煌《法句經》雖爲假托佛言編撰而成却廣受僧俗二衆甚至文人墨客青睞的重要原因。

第六，伯二三二五號《法句經疏》主體部分以草書形式書寫，是研究敦煌書法特别是敦煌草書的重要史料。如綜要第三節所述，這些極具敦煌遺書特色的草書字、俗體字、通假字等非常規情況的出現，對於敦煌文獻及書法的研究者和愛好者而言，亦不啻一場盛宴。

圖書在版編目(CIP)數據

法句經疏 / 張遠編著. --北京：社會科學文獻出版社，2021. 12
（敦煌草書寫本識粹 / 馬德, 吕義主編）
ISBN 978-7-5201-9326-9

Ⅰ. ①法… Ⅱ. ①張… Ⅲ. ①大乘－佛經－研究
Ⅳ. ①B942.1

中國版本圖書館CIP數據核字（2021）第221764號

·敦煌草書寫本識粹·
法句經疏

主　　編 / 馬　德　吕　義
編　　著 / 張　遠

出 版 人 / 王利民
責任編輯 / 胡百濤
責任印製 / 王京美

出　　版 / 社會科學文獻出版社·人文分社（010）59367215
地址：北京市北三環中路甲29號院華龍大厦　郵編：100029
網址：www.ssap.com.cn
發　　行 / 社會科學文獻出版社（010）59367028
印　　裝 / 北京盛通印刷股份有限公司

規　　格 / 開　本：889mm×1194mm　1/16
印　張：11.875　字　數：92千字　幅　數：60幅
版　　次 / 2021年12月第1版　2021年12月第1次印刷
書　　號 / ISBN 978-7-5201-9326-9
定　　價 / 468. 00圓

讀者服務電話：4008918866